消耗せずに
成果が出る

情報の捨て方

SNS
TREND
COMMUNITY
INPUT
EMPATHY

戦略コンサルタント
山本大平
Daihei Yamamoto

三笠書房

はじめに――情報洪水時代の泳ぎ方

どうしたら、このような時代、このような社会で、無用に自分を削ることなく成果を追い求められるのだろうか。

今、私たちを〝本当に消耗させているもの〟とは、何なのだろうか。

それを明らかにし、きれいさっぱり「捨てる」ことができたら、私たちは、きっと今の時代を軽快に楽しく、そして自分らしく、生きていけるに違いありません。

申し遅れました、山本大平と申します。

経営コンサルティング会社を経営し、自身も戦略コンサルタントとして活動しています。

私は自動車メーカーのトヨタで新車開発のエンジニアとしてキャリアをスタートしました。その後、テレビ局のTBSに転職し、『日曜劇場』や『SASUKE』など、数々の番組のプロモーションやマーケティングを担当しました。さらにその後は外資系コンサルティング会社のアクセンチュアに転職。そこで実践的に経営コンサルタントの修業を積んだのち、自社を興《おこ》しました。

自動車メーカー、テレビ局、コンサル会社と、まったく異なる業種を渡り歩いてきましたが、私が一貫して体得してきたのは、「いかに思考し、適切に成果を出すか」ということでした。

その経験は、丸ごと現在の戦略コンサルティング業に活きていると感じています。

本書は、そんな私が提案する「情報の捨て方」の書です。

・「仮想敵」はネット情報だけではない

インターネットの普及により、世の中には情報があふれかえりました。

現代人が1日に浴びる情報量は、おおよそ江戸時代の1年分、平安時代の一生分に相当すると言われています。

そうすると起こってくるのが、情報に翻弄《ほんろう》されやすくなるという問題です。

情報が増えすぎたことで、必要な情報にたどり着けない、あるいはニセ情報に騙《だま》されて判断を誤る、そんな事態が容易に生じうる時代だからこそ、不要な情報を積極的に捨て去らなければ、情報に溺《おぼ》れ、翻弄されることになってしまう。

ならば、私たちが今、真剣に考えるべきことは、「いかに情報を得るか」ではなく、「いかに情報を捨てるか」なのではないか?

本書は、そんな私の考え、いや、より正確には、戦略コンサルタントとしてクライアントのさまざまな課題に触れる中で見えてきた、〝切実な悩み〟から始まりました。

一方、私には、実はこんな考えもあったのです。

昨今のＡＩ革命により、ネット上の情報は、極めて自分仕様に選別されるようになっています。そして私たちは、丸腰状態で情報洪水に放り出されている。気づけば、スマホを通じて「情報を使う」どころか、「情報に使われる」ようになったと感じています。

一方で、インターネットに常時接続し、スマホも手放せないという中では、どんどんアルゴリズムが選別して送り込んでくる情報に「触れない」のも、情報を「頭から追い出す」のも不可能だというのが、私たちの偽《いつわ》らざる現実ではないでしょうか。

つまり、ネット上の情報洪水だけを「克服すべき仮想敵」としても、おそらく、大した解決策にはつながらない――。

そうは言っても、これで話を終わりにするわけにはいきません。

現代が、いまだかつてなく「迷いの時代」であることはたしかでしょう。

しかも、そんな時代性は、ますます加速しているようにすら思えます。

LINEなどのチャットツールや、X、InstagramなどのSNSが普及したことで、「つながること」の煩《わずら》わしさが増していると感じている方も少なくないはずです。

鳴りやまない通知、「既読スルー」は許されない空気、抜けたいけど抜けられないグループチャット、いわゆる「リア充」勢と自分を比較してしまう心理……。すべて以前ならば存在しなかったものです。

そんな中、日々、何かを思考し、判断し、行動することについて、多くの方が悩み、疲れ果てているように見える。私たちが生きる社会は、いつのまにか、こんなにも複雑になってしまいました。

・「情報」とは何か？

私は戦略コンサルタントであり、データサイエンティストでもあります。

つまり、データを駆使し、人や企業の意思決定に関わることを仕事としている。

そこでは、常に思考し、的確な判断のもとで成果を上げる（そうなるような戦略を提案する）ことが求められます。

そういう身として、いまだかつてなく、日々、何かを思考し、判断し、行動することについて人々が疲れ果てているという状況を真正面から捉えて、何かしらの打開策を考えてみたいと思ったのです。

そこで私は、まず、情報という難物の本質に迫ってみることにしました。先ほど述べたような、情報過多状態を生んでいるネット情報だけにとらわれずに、情報の定義から捉え直してみることにしたのです。

さて、ここで改めてお聞きしたいのですが、みなさんは「情報」と言うと、どんなものを思い浮かべますか。

ネット情報に加えて、書籍、新聞、テレビ、雑誌などの媒体を通じて入ってくるものを「情報」とするのが一般的でしょう。

しかし本書では、より本質的に、「情報」を「最適な判断を下すために用いるもの」「日々の自分の行動の指針となるもの」として捉えています。

つまり、「何かを判断し、行動する際に参照するもの」すべてを、本書では「情報」と定義します。

すると、どうでしょう。

先に挙げた一般的な「情報」はもちろん、人の意見や体験、あるいは「人」そのもの、さらには自分自身の感情や思い込みなども、「何かを判断し、行動する際に参照するもの」という意味では「情報」と言えるのです。誰かとのコミュニケーションも、ここで言う「情報」に含まれます。

本書では、日頃、みなさんが何気なく使っている「情報」にフォーカスし、日常生活ではもちろん、ビジネスの現場でも役立つ「情報との付き合い方」について執筆しています。

また、本書はどこから読んでも問題ない構成になっていますので、まずは目次をご覧いただき、「気になった章」から読んでもらえればと思います。

そして、自分にとって必要な情報は取り入れ、必要でない情報は捨てていただければ、著者冥利に尽きます。

それでは「情報の捨て方」、スタートです。

山本大平

もくじ

2章
捨てれば捨てるほど「本当の自分」がわかる

3章 捨てれば捨てるほど「人生」が拓ける

4章
捨てれば捨てるほど「ストレス」がなくなる

5章 捨てきった先に「クリアな思考」が残る

1章

捨てれば捨てるほど「仕事」が早くなる

「チャット」を捨てる
↓「口頭のコミュニケーション」を重視する

「テキストベース」の情報伝達に頼りすぎない

忙しい業務の中で席を外し、数時間ぶりにメールボックスを開くと、取引先や部下からの相談や質問であふれている、などということはありませんか？

デジタル化が進む昨今では、スマホやチャットツールの普及で、仕事上のコミュニケーションはテキストベースが主流になっています。

実際、多くの方がほとんどすべての業務連絡をメールやチャットで済ませています。

しかし、**テキストベースの連絡が当たり前になりすぎて、かえってコミュニケーションでストレスを感じてしまう**こともあるのではないでしょうか。

「お疲れ様です、資料のデータを送っていただけますか？」
「この問題、どうすればいいでしょうか？」
「田中部長、会議室の予約が済みました」

たった一言、隣のフロアまで行って口頭で伝えれば済むことまで、わざわざテキストに書き起こしてチャットを送ったり――、また、込み入った相談事を長い文章でだらだらと説明しようとしたり――。

考えてみてください。

ちょっとした進捗《しんちょく》報告や同意の返事、軽い感謝の言葉……**「口頭で直接伝える」ほうが早くないでしょうか？**

文字ベースでの情報伝達は、口頭に比べて数倍の時間がかかります。

たとえば、一言声をかければ時間にしてわずか10秒で済むことも、テキストにすれば、打ち始めから送信までに数分もかかってしまいます。

それも「お疲れ様です」「どうぞよろしくお願いいたします」などと、丁寧《ていねい》な文面で……。

日々の業務連絡であれば、メッセージは即時に伝わる「口頭」のほうが簡単に済む場面が多く、長文で説明する必要はありません。しかも、チャットは短文にすると誤解も生じやすく、トラブルのもとにもなりやすい……。

「電話」でスピーディに済ませる

社外の人間が相手の場合も同様です。

テキストではなく「電話」が、情報伝達の手段として優れている場面が多々あります。

新規の案件を進める際に、「なぜそのやり方で進めるのか」(Ｗｈｙ)、「具体的にどのような進め方をするのか」(Ｈｏｗ)、「それぞれいつまでに」(Ｗｈｅｎ)、「以上、佐藤さんのご意向をお伺いできれば」(What do you think)……などと何往復もの情報のラリーを、テキストだけのコミュニケーションでやり合うなど正気の沙汰《さた》ではありません。

「例の新規案件の進め方についてご相談なのですが、今お電話よろしいでしょうか？」とそれだけをテキストで送って、さっさと電話して話したほうが早いしズレない。話しながら認識のズレや疑問をお互いに解消できるわけですから。

メールのラリー、チャットのラリーが続く内容は、そもそも連絡手段の選択が間違っています。

テキストで済む連絡は、「ＹＥＳ ｏｒ ＮＯ」の返事で済む簡単な確認程度ではないでしょうか。

「会って、話す」に勝る方法はない

さらに言えば、ここぞというときに一番いいのは、**電話ではなく「直接、会いに行く」こと。**

相手のために行動し、顔を見せたり、その場で資料を広げて互いに確認しながら話を進めたりすることは、メールやチャットはもちろん、電話をもはるかに凌《しの》ぐ効果があります。

たとえば、原始時代にマンモスを狩るとき、チャットや電話でやり取りしていたら――。全員と合意が形成できた頃には、もはやマンモスの影はなくなっていることでしょう。

不測の事態が連続する中で、数限りない選択肢と幅があるアクションの中から、最適と思われるものを瞬時に選択する――。

狩りでは、アイコンタクトや阿吽《あうん》の呼吸などの「非言語コミュニケーション」が不可欠だったはずです。

そして現代も、我々人間のＤＮＡは変わっていません。

マメに状況を確認し合い、互いの真意をつかみながら打開策をひねり出す。

そのためには、声色や息遣い、表情、間合い、空気感といった「非言語コミュニケーション」が生じる「会話（会って話す）」のほうが効果的です。

瞬時に言葉を発しなければならない口頭のコミュニケーションが苦手な方や、相手の作業を中断させるのが申し訳ないと感じる方も多いかもしれません。

そのためにも、ふだんから「会話」を使うようにし、会話筋肉を鍛えておく必要があります。

連絡ツールを正しく選択することで、ストレスから解放され、かつ仕事がスムーズに進むようになります。

－POINT－

チャットはラリーが続きがち。口頭か電話で一回で済ませる

「即レス」を捨てる

➡「遅レス」や「無視」を有効活用する

「レス自体」が仕事になっていないか

昨今、メッセージアプリやチャットツールが普及し、「読んだら即レス」がビジネスマナーのようになってきています。

既読がつかないメールにまで、その波が及んでいることも。

仕事の流れを止めないためには、即レスが基本と私も思います。

特にトラブルなど不測の事態が起きたときは、迅速《じんそく》な対応が求められるため、「即レス」が鉄則です。

しかし、いつでも、すべての連絡に即レスするのは過剰で不適切。

四六時中、メールボックスやチャットが気になり、中断志向となります。当然、集中力が途切れ、疲れやすくなります。これも情報洪水がもたらす弊害の一つです。

レス自体が仕事のようになってしまうのは本末転倒。**すべての連絡に優先順位をつけて返信するのが、情報洪水から逃れる有効なステップです。**

まずは「すべてに即レス」という発想を捨て、「即レスすべき連絡」と「即レスしなくていい連絡」を区別しましょう。

仕事上の連絡は、次のように分類できます。

①「その場で返せるもの」は即レスが基本です。

なるべくタスクを溜め込まないためにも、1分以内で返信できるなら、さっと返すべきです。

しかし、②**「考えをまとめてから返す必要があるもの」**については、話は別です。

たとえば「今はAだと思うが、直後に会議や打ち合わせを控えており、そこでのインプットしだいではBに変わるかもしれない」といった場合は、即レスせずに他の情報を取り込んでから返信するようにしましょう。

また、③**「返信する必要がないもの」**もあるということを知っておく必要があります。

返信しなくていい連絡とは、

「ありがとうございます。承知しました」

「こちらこそありがとうございました。引き続きまして、よろしくお願いいたします」

といった形式的で無意味な連絡です。

「♡」や「✓」など、チャットツールのリアクションやスタンプで済むものがその典型例です。

このスタンプで事足りるなら、積極的に使うとラクになります。ビジネスシーンでも、関係性ができているなら大アリです。

「関係が薄い人からのメール」は無視してよし

また、**「営業メール」に返信する必要はまったくありません。**

付き合いで行った交流会で名刺交換をした人からメールが届くことがありますが、返信義務はありません。

堂々と「無視」しましょう。

過去に一緒に仕事をしたことがある人や、信頼している人に紹介された人であれば話は別ですが、大勢が集まる場で一言二言言葉を交わしただけの人からの「本日はありがとうございました」などといったメールに、律儀《りちぎ》に返信する意味は薄いです。

あれは、いわば「デジタル名刺交換」。

返信しなかったら失礼だと思われるかもしれませんが、関係を築く可能性がない相手に「失礼な人だ」と思われても問題ありません。

「いつか、何かしら」と思うものは、たいてい「いつまでも、何にもならない」もの

です。

こういう連絡に対しては、即レスはおろか、返信する手間と時間をかけるだけで時間の無駄。

「返信しなくちゃ」という発想そのものを捨てましょう。

本当に必要な返信機会は、おそらく5％くらいのはずです。

この発想ができるようになるだけでも、無駄な情報に煩わされることなく、本当に重要な連絡に集中できます。

– POINT –

すべてに即レスする必要はない。
レスそのものを〝必要最小限〟に留める

「教える」を捨てる

➡自分で考えて行動させる

「面倒見のいい上司」はいい上司か

あなたが上司、あるいは先輩である場合、

「部下のミスを防ぐために細かく指導するのは当然だ」。

そう考えてはいませんか？

昨今は、細かく丁寧な指示を出し、部下を管理してあげることが「面倒見のいい上司」とされる風潮があります。

しかし、そのようなマイクロマネジメントは本当に必要でしょうか？

たとえば、部下が担当するプロジェクトの進捗や問題点をすべて把握しようとする。そして部下は、意思決定のたびに、上司である自分に確認を求めるようにする。そのうち、あなたは部下が送ったメールの1通1通に目を通すようになる……。

それでは、自分が処理しなければならない情報も増え、自身の業務にも支障をきたしてしまいます。

「いや、部下に失敗させたら会社に大損害を与えてしまう」そう思うかもしれませんが、実際にはそうでもありません。


99%の失敗は、あとからリカバリーできるはずです。

「自分でやらせて失敗させる」が正解

「顧客に提出するプレゼンテーション資料に重要な誤りがあった」

「新製品のプロモーションの際、誤った価格情報を含むメールを大量の顧客に送ってしまった」

「プロジェクト管理において、部下が締め切りを勘違いしてしまい、重要な資料が遅れて提出された」……。

考えるだけでゾッとする事態かもしれませんが、よくよく考えてみてください。

すべてリカバリーできるものではありませんか？


私は現在、従業員を抱える経営者であり、一人の戦略コンサルタントでもありますが、従業員の業務の進捗や詳細なメールは、よほどのことがない限り確認しません。

もちろん、時にはそのスタイルで客先と大きなトラブルが生じることもあります。

先日は、従業員が重大なミスをし、クライアントに迷惑をかけることがありました。

当然ながら私はリカバリーに追われることになりますが、これまでにリカバリーできなかった従業員の失敗はありません。


ならいっそのこと、**「失敗させればいい」**。

手取り足取り教えるよりも、自分でやらせてみて失敗から学ぶほうが、結果として早く成長します。

「恥をかかせる」ほうが、部下は早く育つということです。

何より、マネジメントする立場であるあなた自身が、タスクの洪水に巻き込まれず、重要な業務に集中することができます。

「仕事を任せる」四つのコツ

それではマイクロマネジメントをやめるために、部下とどのように接すればいいでしょうか。次の4点を押さえてください。

①考えさせるための質問をする

たとえば、部下が「こうしようと思います」と言ってきたとき、あなた自身で「それで本当に大丈夫だろうか……」「もっとこうするべきなのではないだろうか」と口を出したい衝動に駆られることはありませんか。

部下の思考が足りていないと心配になる気持ちはわかります。

なら、部下自身に思考を深めさせてください。


「なぜそう思う?」

「仮にこうなったらどう対応する?」

「どんなメリットがある?」

「どんなデメリットがある?」


など、考えなしには答えられない質問を投げかけるようにしてみてください。部下に自ら考えさせ、答えを導き出させるのです。

②否定も肯定もしない

部下の案に対して、いちいちフィードバックするのもやめましょう。

手放しに肯定すると、部下は安心して考えることをやめてしまうかもしれません。

逆に頭ごなしに否定すると、部下が萎縮《いしゅく》するかもしれません。

ポイントは「うーん、わかった」。

たとえいい線をいっていたとしても、その程度の反応に留め、部下がさらに深く考える「引っかかり」を残すことだけに専念してください。

上司の役割は、部下のご機嫌取りではありません。自主性のある人材に育てることですから。

③結果が出たらインセンティブを与える

部下が成果を上げたときには、適切な評価と報酬で報《むく》いる。

これは、お金の総額ではありません。査定評価をいつもより少しでも高く設定する。

それが会社の規定でできない場合は、「表彰する」でもかまいません。

要はわかりやすく褒めること。

そうすることで、部下に安心感やモチベーションを与えることができます。

④スケジュール管理をしない

そして、最も重要なことは、部下の進捗を細かく管理しないこと。

ゴールから逆算して、この日までに何を、この日までに何を完了させるか――。仕事の取り掛かり前に、これらの**マイルストーン（＝目標達成のための重要な中間点）を部下に提示させる**だけに留めましょう。

ただし、マイルストーンがアバウトだったり、実現不可能なものだったりする場合には、出し直させてください。

そして最後にこう一言付け加えます。

「もし、これらのマイルストーンが遅れるときは、すぐに相談に来るように」。こう縛ることで、スケジュール管理は部下が主導してやらないといけなくなります。

上司に適切なマイルストーンを提示できる人間は、客先にも同様に対応できる人材です。

責任感を持って行動することができる部下には、安心して仕事を任せることができるのです。

ただ、人の成長カーブは右肩上がりではありません。

いくら「泳ぎ方」を教えても、実際に泳げるようになるには、水の中で試行錯誤するしかありません。

部下が成長する過程も同じ。しばらく平行線が続いたあと、急に伸びるケースが大半です。

やらせてみて失敗させる。やらせてみて、また失敗させる。

そうすれば、部下は自信を獲得しながら、着実に成長していけるでしょう。

上司としてのあなたも、自身の重要なタスクに集中でき、さらに成長した部下が増えれば増えるほど、チームとしてより大きな成果を上げることができるようになります。

－POINT－

細かい管理は、する側もされる側も地獄。「我慢して見守る」が効率のいいマネジメント

「自分でやる」を捨てる

⬇任せられることは〝いっぱい〟ある

完璧主義をちょっとだけ緩める

人に仕事を振るのが苦手な方がいます。

・仕事内容を説明する時間を割くよりも、自分でやってしまったほうが早い……
・出来が悪かったら自分がやり直すことになり、結局時間がかかってしまう……
・彼に仕事を任せるのはまだ早い……

特に経験や実績があったり、段取りや気遣いの仕方一つとっても「自分なりの美学」が確立していたりする方ほど、この傾向が強いです。

能力がある人には仕事が集中するもの。

仕事をすべて自分で抱え込むと、たとえば、「先方へのアポ取り」や「プレゼン資料の作成」、「予算の検討」……など、自分が処理しなければならない情報が増えすぎてしまいます。

人に仕事を振ることができないのは、強い責任感の裏返しです。

自分の仕事観に従って「完璧にしなくては」という思いが強いため、人を信用して任せることができないのです。

ならば、**その完璧主義を少し緩める**ことが必要です。

自分でやる仕事と、人に振る仕事を分けましょう。

その判断基準は「期限」だけ。

期限が迫っていて、自分がやらないと間に合わない仕事は自分で引き受ける。

一方で、期限に余裕があって、たとえスジが悪い方向に進んでも自分がフォローすれば合格点に持っていける仕事は、とりあえず誰かに任せてしまいましょう。

社運がかかっている重要な案件であっても、期限に余裕があれば部下に任せ、進捗（＝順調に「マイルストーン」を通過しているか）を定期的にチェックするなどして様子を見てみます。

まったく見当違いなら引き取ればいいだけ。

スジが悪くなければ、引き続き経過観察でもいいでしょう。

そうやって割りきって任せていくと、自分も疲れなくなるし、自分がいなくても意外と会社は回ることに気づきます。そう、残酷かもしれませんが、あなたが一人いなくても回るようになっているのです。

部下のタイプ別「仕事の振り方」

信頼して仕事を任せたとしても、そのフォローアップに奔走《ほんそう》するハメになっては、元も子もありません。

そこで、部下のタイプ別に、仕事の振り方や、振ったあとの接し方のポイントを説明します。

①心配性の部下

心配性の部下は、逐一、上司に「これでいいでしょうか？」と確認してきます。

部下を成長させるためには、**自分で考えさせるように仕向ける**必要があります。

逐一、面倒を見るハメにならないようあえて「話しかけづらい雰囲気」を醸《かも》し出し、見えない壁を作ってもいいかもしれません。

最初は「冷たい上司」と思われるかもしれませんが、徐々に自分で考え判断するようになります。

②やる気のない部下

やる気のない人には向上心や学ぶ姿勢がなく、多くの場合、目標や納期も守りません。

やる気があることはすべてに勝る仕事の資質。やる気がない部下には、目標や納期を守らなかった場合に**厳しい評価を与える**ことが重要です。

「甘い評価」は捨てましょう。

③完璧主義の部下

完璧主義の部下は、時間をかけて万全の状態で納期ギリギリに資料を提出してくるタイプです。

ふと進捗が気になり、「あれ、どうなった?」と尋ねると、細部にこだわったプレゼン資料を作成していたり、不要な部分を修正していたり……木を見て森を見ずといった感じです。

完璧主義の部下には**「10割の出来で遅い」よりも「7割の出来で早い」ほうが優秀**であることを教えてください。

ロジカルに説明すると納得するタイプなので、次からは「7割の出来で早く」ができるようになります。

④曖昧な目標を立てがちな部下

曖昧《あいまい》な目標を立てがちな部下は、「がんばります」「急ぎます」「ちょっとやってみます」といった具体性に欠ける言葉遣いをするので、そのクセを見逃さないでください。

意欲はあるものの、明確な目標設定がなければ安心して仕事を任せられません。「何を？」「どれくらい？」「いつまでに？」などとすかさずツッコみ、具体的かつ定量的に目標を宣言させるように誘導しましょう。

⑤打たれ弱い部下

メンタルが不安定で、激励《げきれい》のつもりで言った言葉に凹《ヘコ》んでしまう部下には、**プレッシャーを感じさせない**ように接しましょう。

仕事を任せるときも、むやみに励ますことなく、実力に見合った仕事を淡々と振るようにします。

そうやって、部下に自信をつけさせ、徐々に難しい仕事に挑戦させていきます。

このように、部下の性格や仕事の取り組み方に応じて接し方を使い分けることで、自分の負担を軽減し、仕事をスムーズに進めることができます。

何よりあなた自身が情報やタスクの渦から解放され、頭の中もスッキリするはず。

そしてあなたの消耗度合いも大きく低減されていくはずです。

－POINT－

基準は「期限」だけ。

怖さを捨てて思いきって〝任せる〟

「メモ」を捨てる

⬇人の話を逐一書き留めない

取れば取るほど、大事な情報を取りこぼす

戦略コンサルタントをしていると、クライアント先の会議や打ち合わせで、せっせとメモを取る姿をよく見かけます。

「メモ魔」になることが「できる人」だと思われているのかもしれませんが、実際はそんなことはありません。

ちょっと考えてみればわかりますが、そのメモ、あとでちゃんと見返していますか？

私もたまにメモを取ることがありますが、ほとんど見返したことがありません。

多くの方も同じじゃないでしょうか。

人の話を余すところなく覚えておきたい、理解したい、吸収したい、そのためにせっせとメモを取る……でも結局は、そのメモを見返さない。

これでは自分自身を情報洪水に溺れさせているようなものです。

メモは、取った瞬間に他の情報を捨てる行為です。

コミュニケーションを取る際、表情などの視覚情報は55％、声のトーンなどの聴覚情報は38％、言葉などの情報は7％の割合で影響を与えると言われています。

これを「メラビアンの法則」といいます。

メモった瞬間に、視覚情報はゼロになり、聴覚情報、言語情報も、メモに集中したぶん、精度が落ちてしまいます。

たとえば「相手が、今、話したこと」を逐一メモしている間に、「その次の瞬間に、相手が話していること」が耳に入らなくなる。重要な話を聞き逃して、「え、今なんて言ったんだ?」と唇を噛んだことはありませんか?

メモ帳ではなく話し手に視線を向けることで、

「あの人、ここでめっちゃ熱くなっていたな」
「このときの笑顔が印象的だった」
「ここで声が急に大きくなった」

相手の表情や声のトーンなどの情報も含めて記憶に刻まれます。

これらの情報をしっかりと受け取るためには、視覚と聴覚をフルに使わなければなりません。

一つでも「気の利いた質問」を投げかける

逐一メモを取ることをやめ、話し手が発するすべての情報に集中してみてはいかがでしょうか？

メモを取るとしても、あとで思い出すための「トリガー」となる、キーワードや重要な数字、固有名詞に留めるべきです。

その代わりに、相手から目を離さず、話と表情に集中しながら、気の利いた質問を考える。

「そう考える根拠は何ですか？」
「具体的な事例はありますか？」
「こういった場合はどうすればいいのでしょうか？」

質問をすることで、相手の話を深掘りし、得られる情報の質を高めるほうがよっぽど有意義です。

「メモも取らずに人の話を聞いては失礼」と思うかもしれませんが、ひとつでも気の利いた質問をして、相手を唸《うな》らせるほうが信頼感にもつながります。

－POINT－

メモる時間を捨て、話し手の表情から情報を獲る

「慣習」を捨てる

⬇「ないとダメ」なものに集中する

「手土産」「お礼メール」、はたして必要か？

ビジネスにはさまざまな慣習があります。

多くの場合、「必要だから」「こうするとお互い気持ちいいから」といった理由で長い時間をかけて構築され、定着してきました。

しかし、すでに慣習化されているために、なんとなく当たり前に「そういうものだから」と実践していることも多いでしょう。

中には、いっそ捨ててしまったほうが効率的になる無駄な慣習もあるかもしれません。

たとえば、**「手土産」**という慣習。

お世話になった人のところに行くときに、ちょっとしたお礼として手土産を持って行くのは素敵な気遣いです。

でも、毎回手土産を持って行くのは、さすがにやりすぎです。

その都度、手土産を用意する時間と手間をかけ、相手に「お返ししなきゃ」というプレッシャーを与えたら、もう本末転倒です。

「ここぞ」というときだけ手土産を持って行くほうが、相手も快く受け取ってくれます。

気遣いは、多ければ多いほどいいってものではなくて、さじ加減が大事です。

むしろ、「回数を絞る」ことで効果的な印象を残せます。

もう一つ挙げると、**「お礼メール」**です。

感謝の気持ちを伝えるのは素晴らしいことですが、これも「手土産」と同じで、やりすぎると相手に気を遣わせてしまいます。

ある程度、気心が知れた仲なら、別れ際に「お忙しいと思うので、お礼のメールは省略しますね」と、その場で伝えてお礼メールを省略するのも一つの手です。

実際、私はこの方法をよく使います。

でも、高価なフルコース料理をごちそうになったときなどは、翌朝一番にお礼メールを送ります（笑）。

「さじ加減」や「時と場合」を考える

「慣習だから」「そういうものだから」と自動的にやるのではなく、「どの程度がちょうどいいか？」「今、必要か？」と自分の思考を挟んで行動することが大事です。

これができる人こそ、本当の気遣いができる人。

「さまざまなものを捨てても、『自分の頭で考えること』だけは捨てちゃダメ」「なんでも自分で考え、判断して行動する」というのは、本書を貫く重要なメッセージ。

常に「この場合は？」と疑って行動しましょう。

ここでは二つの慣習について述べましたが、他にも見直すべき慣習はたくさんあります。

たとえば、**毎週のように行われる無駄な会議、誰も読まない議事録、社内の謎のルールなど……**。

もちろん、考えた結果「やっぱり必要だ」と思う慣習は大切に守ればいいのです。「慣習を捨てる」ことで、個人としても会社としても、生産性を大幅に改善できるようになっています。

– POINT –

「そういうものだから…」の中には、やらなくていいことがいっぱいある

「交流会」を捨てる

⬇目の前の人に120%で応える

利己的な「品定め合戦」で得るものはない

同業者の懇親会や異業種交流会に参加して人脈を広げる。

自ら積極的に出かけている方もいれば、上司命令で行かされている方もいるでしょう。

交流会の目的は、新たな出会いを通じてビジネスチャンスを広げること。

しかし、初対面の人と名刺交換して、自己紹介程度の会話を交わしたくらいで、本当に新たなビジネスチャンスにつながるのでしょうか。

「名刺がたくさん集まるだけ」になっていませんか？

私も何度か付き合いで交流会に参加したことがありますが、そこで得たビジネスチャンスはほとんどありません。あっても押売り営業されるのがオチでした。

交流会で新たな人脈を作ることがビジネスチャンスにつながるというのは、費用対効果が悪すぎます。

交流会に集まる人々は、皆が「人脈を広げてビジネスチャンスを得たい」という期待を持って参加しています。

つまり、互いに自分の利益のために相手を品定めしているのです。

あなたが周りの参加者を「自分の利益につながるかどうか」で見ているのと同じように、周りの人たちもあなたをそう見ています。

そのような**利己的な目論見を持つ者同士でつながったところで、何か有意義な関係性に発展するでしょうか。**

私にはそうは思えません。

結局のところ、交流会は名刺を配りまくり、人の名刺を受け取りまくることで「薄い知り合い」をたくさん作り、「人脈が広がった感」を得るだけのもののように感じます。

人間関係の限界は「150人」

イギリスの人類学者ロビン・ダンバーによると、**きちんと付き合える人間関係の数は「最大150人」**です。

これをダンバー数と言います。

150人と聞くと多く感じるかもしれませんが、社内の人間や取引先の人たち、家族や友人を加えると、意外とあっというまに達します。

ダンバー数に一定の妥当性があるとすれば、むやみに「数」を増やすことの意味はますます不明です。

問題は「数ではなく質」。

ビジネスで新たな出会いを求めること自体は否定しませんが、会いたい人がいるなら、ピンポイントでアポを取って会いに行けばいいのです。

交流会も、大勢が集まる会ではなく、信頼できる仕事仲間が「ぜひ引き合わせたい」という意図で主催する少人数の集まりならば、参加する価値はありそうですが。

交流会で接点を増やす時間があるぐらいなら、**自社製品の品質を磨いたり、そもそもの差別化戦略を見直すのに時間を割いたりする**ほうが、的を射ているのではないでしょうか。

それが私の会社の基本的なスタンス。お客さんに喜んでもらえば勝手に評判は広まりますので。

「自分は交流会でビジネスチャンスを広げた経験がある」と言う方もいるでしょう。

その場合、行くなとは言いません。

ただ、過去に時間と労力を割いて交流会に参加したが、特に得るものがなかったと感じるなら、一度「交流会に行く」という選択肢を捨ててみるのも一案です。

いずれにしても、本やインターネット、メール、チャットと並び、「人」も大きな情報の入り口です。

無用に名刺を配り、誰が参加するかわからない交流会に時間を使うよりも、確実な情報源（＝人）に時間を割き信頼を得て、その方から自然な形で別の人をご紹介いただくという順路をたどったほうが、ビジネスの成功にも近づくことでしょう。

－POINT－

「うまい寿司屋は宣伝しない」。期待に応えることだけに専念する

「準備」を捨てる

⬇「余白のある資料」で議論を生む

「用意周到」はベストな結果を遠ざける

成功させたい会議やプレゼンのために、万全に準備する。

真面目に成果を出そうとしているビジネスパーソンならば、「当然そうすべきだ」と思っているでしょう。

よどみなく話すための「台本」を作成する。

より説明をわかりやすくするために、きれいに作り込んだ「スライド」も用意する。

そして、あらゆる質問や反論を想定し、回答も準備しておく。

さて迎えたプレゼン当日、手元で資料が大渋滞した経験はありませんか？

大量の資料やデータを用意しても、その場で活用されなければ、徒労だけが残ります。

そもそも、「万全な準備」とは何でしょうか？

話す内容や順番をすべて決め、あらゆる質問に答えられるように想定質問と回答を用意する。そんな隙《すき》のない「台本」を作ることでしょうか？

それでうまくいくこともあるかもしれませんが、私のアプローチはちょっと違います。

むしろ、**用意周到に作り込んだ台本はベストな結果を妨げる**とすら思っています。

会議やプレゼンは「生もの」です。

複数の人が集まり、自分の提案を聞いてもらい、そこから議論が始まります。

現場では何が起こるかわかりません。

言葉を介した「言語コミュニケーション」だけでなく、声色、息遣い、間合い、空気感といった「非言語コミュニケーション」も生じます。

すべてを想定して完璧に準備することなどできるわけがないのです。

「テンプレ通りのウェイター」になっていないか?

レストランで、お客同士の会話が盛り上がっているところに割り込んで、「こちらが本日のスペシャル、特製リゾットでございます」などと料理の説明をとうとうと始めるウェイターに「勘弁してくれよ」と思ったことはありませんか?

料理を運んだら説明をするというマニュアルしか頭になく、テーブルの空気に応じた対応ができない。

そして、アドリブには弱いのか、こちらが質問をすると焦ってしまう。

完璧に作り込んだ台本で会議やプレゼンに臨むのは、そんな「空気の読めないウェイター」と同じです。

事前に作り込んだ内容をただ提示するだけでは、会話でも議論でもなく、ただの一方通行です。

それはもはや、コミュニケーションとは呼べないのです。

「一発で決めようとする資料」から対話は生まれない

では、私が考える万全な準備とは何でしょうか？

禅問答のようですが、「隙なく完璧な準備をしない」ことが万全の準備です。

何を話すのかは事前にしっかり考えますが、現場に赴《おもむ》いた時点で頭にあるのは「まず、これを言う」というキーワードだけ。それもせいぜい5つくらいです。

このように、**あえて「作り込まない」ことで生じる「余白」が対面のコミュニケーションでは功を奏します。**

その余白は、相手が自由に反応できるための余白であり、相手の反応に応じて自分が話すための余白でもあります。

この余白が、「コミュニケーションのスパイス」になってきます。

私は企業研修をさせていただくこともありますが、以前、新卒を対象とした、ビジネスコミュニケーションについての研修中に、参加者から唐突に、研修とは無関係な

「最新のマーケティングトレンド」について質問がきたことがありました。

質問に答えてみたら、全体的な参加者の反応もいい——。

そんなとき、仮に研修のお題とは関係がなくても、マーケティングの話をサラッと展開することで、その場に合った情報を提供でき、価値のある時間となりました。

資料を作成して持参する場合も同様です。

事前に頭を整理したら、1枚の紙やスライドに3～5つのキーワードを並べるだけ。あとはその場で自分の言葉で説明します。

みっしりとテキストが埋め込まれたパワーポイントを表示してプレゼンするのは、もはや資料の読書会です。

私も、クライアントに企画を提案するときには、綿密に作り込んだ資料を渡すことはありますが、それは「先方が理解を深めるために、あとから確認する用の資料」であり、プレゼン用の資料とは意図的に差別化します。

いわゆるプレゼン用の資料としては、質問も意見も許さないほど作り込むのではなく、むしろ議論を喚起し活性化するのが「いい資料」です。

対話が生まれる状態を意識して、あえて「余白だらけ」にすることで、相手はただ聞く側に回るのではなく、積極的に参加できます。

相手の反応を引き出し、コミュニケーションが成立します。

一方的に話して満足するだけではなく、互いの思考を掛け合わせて生まれるアイデアや選択、決断にたどり着けるのです。

「準備を捨てる」とは「隙のない準備」を捨てることです。

事前にきちんと考えておくことは必要ですが、現場には「余白」だらけの状態で臨む。そうすることで、会議やプレゼンで盛んなコミュニケーションが生まれ、互いの思考を掛け合わせることで最善のアイデアを編み出せるようになります。

余白ことが、人間らしさと創造性を引き出す秘訣なのです。

- POINT -

うまく話す準備はいらない。「議論を生む準備」をする

COLUMN 1

「雑談」を捨てない

「今日は本当に暑いですね」
「連休はどこかにお出かけですか?」
「昨日ニュースでやってたのですが……」

天気の話や話題のニュース、街中で見かけたもの——。

特に無駄を嫌う人たちの間では「雑談＝無駄話」と思われがちですが、実はこれには大きな価値があります。

私にとって「雑談」は捨てるどころか、むしろ積極的に取りにいくべきものです。

というのも、**人の本心や物事の実態は、雑談の中でこそポロリと明らかになることが多いからです。**

本音は、会議や打ち合わせの場では滅多に聞くことができません。

なぜなら、フォーマルな場では、皆が体裁や役職、組織の方針、「こんなこと言ったらバカだと思われるんじゃないだろうか……」などと意識して話しますから。

しかし、雑談ではその場の雰囲気やリラックス感から、自然と本音が漏れることが多々あります。

たとえば、訪問先のオフィスのエレベーターや、自社の御手洗い。

クライアントや上司部下に思いがけず出会ったら、積極的に話しかけてみてはどうでしょうか。

打ち合わせでは仏頂面《ぶっちょうづら》をしていたお偉方や、ふだんは言葉数の少ない部下が、「実際はこういう裏事情があるんだ」「実はこういう懸念があって……」などと話してくれたりします。

会議室での当たり障りのない議論に比べて、廊下や休憩室で交わす会話のほうがよっぽど、仕事をスムーズに進めるためのヒントや貴重な情報になったりします。

雑談が役立つのはリアルな空間に限りません。

たとえば、オンラインミーティング。私は、クライアントとの打ち合わせをオンラインで行なうことも多いのですが、必ず10分ほど前には入室するようにしています。お偉方は開始直前に入室しますが、若手社員は早めに入室してスタンバイしていることがあるからです。

たいていの部下は、上司の前では堅くなっているもの。

たとえ10分であれ、リラックスした場での雑談は貴重です。

いい感じで打ち解けることができれば、何かとその場で得る情報も多いものです。「山本さん、このあと、ちょっと上司の目を盗んでチルってきます」などと言われたりすると、なんだかよくわかりませんが、うれしいものです（笑）。

雑談を活用することで、表面に見えない情報や本音を引き出し、ビジネスの質を高めることができます。私のこれまでの経験からも、実はクライアントや取引先がポロリと漏らした本音が問題解決のヒントになることは多いものです。

2章

捨てれば捨てるほど「本当の自分」がわかる

「トレンド」を捨てる

⬇敏感になれ、しかし左右されるな

「流行ってるから…」は判断基準にならない

新興市場への参入、新しいデジタルマーケティング手法、消費者の新しい趣味嗜好――。

SNSやニュースで話題になっているビジネストレンドに振り回されてしまうことはありませんか?

次々と現われる情報のうち、どれが自分の仕事にとって本当に価値があるのか見極めるのは難しいですよね。

「世間では、今、こういうものが流行っているから……」
「今の時代、こんな手法では通用しないから……」

などと、ビジネスシーンで口にすることがあるかもしれません。

私は戦略コンサルタントとして、多くの企業に接してきましたが、昨今ではＳＤＧｓやＤＸ、ＡＩという言葉に踊らされているクライアントをよく目にします。

ここで強調したいのは、**トレンドを「知ること」と「流されること」は違う**ということです。

商品開発やマーケティング戦略、人事制度の改革、営業……ビジネス全般に通じることですが、「今これが流行っているから、うちも取り入れよう」とか「そういうのは流行らないから、もうやめよう」など、一時の流行を判断基準に用いるのは問題です。

では実際、どう「トレンド」と向き合えばよいでしょうか。

私は情報の取り方として、**「現地現物」**を鉄則としています。

可能な限り、自分の目で見て確認し、検証したうえで、その価値を判断します。

「肌で感じられない流行」は捨てる

たとえば、年々人口が増えているらしい「サウナ市場」。

メディアやＳＮＳの情報だけでそう結論づけてよいのでしょうか？

サウナ利用者や業界内の関係者に話を聞いたりすることは当然ながら、現地現物でサウナに行ってみたりすることも非常に重要です。

そうすることで、ネットや紙面では得られない、内実や空気感までをも知ることができます。

現地現物で調査してみると、言われているほど流行ってもいないことが往々にしてあります。きっとメディアやＳＮＳが、一部分だけを誇張しているだけかもしれません。たとえば、

・消費のトレンドは、モノではなく、コト消費が主流である
・就活生の就職先選びのパターンは、大企業志向からベンチャー志向にシフトしてきている
・最近の若者は本を読まない

……本当にそうでしょうか？
ニュースやSNSで聞いた情報を、そのまま鵜呑《うの》みにしていませんか？
本当に「コト消費が主流になっているのか」など、現地現物で確かめる由《よし》もありません。

「現地現物」で確認できないトレンドは捨ててしまえばいい。

情報過多な社会では、その程度の思いきりがないと自身を消耗してしまうことになるのです。

一つの「大きなトレンド」だけ捉えればいい

ビジネスにとって大切なのは、顧客ありきであるため、**「大衆心理がどこへ向かおうとしているのか」**を押さえることです。

そのため、この大衆心理の反映とも言えるトレンドをまんべんなく知り、それも自分で経験することが欠かせません。

特に日本においては、アニメ、マンガ、ドラマ、映画といったエンタメ系コンテンツや、それを取り巻く技術革新から、大きな文化的ムーブメントが広がります。

人気なキャラクター一つとっても、なぜそのキャラクターに人気が集まるのか――。そのキャラクターの生い立ちか、それとも性格や話し方か、はたまたキャラクターのデザインか――。

人気のキャラには、人々の心が反映されています。

たとえ自身の仕事に直接的に関係がなくても、流行りのドラマや漫画のあらすじがわかるくらいには、アンテナを張っておくべきです。

トレンドには何かしら、その時代での「いいところ」があるからこそ、多くの人が「これいい!」と連鎖反応を起こすのです。

一見、仕事と無関係に見えるトレンドに常にアンテナを張っておくことは、どんなビジネスにとっても必要不可欠。

その実態を自分なりにつかんで整理することが、結果として情報洪水からあなたを救うことになるのです。

-POINT-

個々のトレンドではなく、〝大衆心理が向かう先〟を押さえる

「コミュニティ」を捨てる

無暗に人間関係を広げない

「人」はリソースを食いまくる厄介な情報

「情報を捨てる」と言うと、インターネット経由の情報を遮断《しゃだん》するために「デジタルデトックス」をしよう、などという話を思い浮かべるかもしれません。

しかし、実は「人」という情報も侮《あなど》れません。

何を経由しようと、**情報を発信する大もとは「人」**です。

人々は日々情報を発信し、共有し、他人に影響を与えます。

友人からのアドバイス、家族の意見、職場での会話などがそれにあたります。

人付き合いは時間を食うし、思考力も使う。時には感情まで動かされる。

要するに「リソースを食いまくる」のです。誰とでもまんべんなく付き合っていては身が持ちません。

「人間関係を断ち切るなんて……」と思われる方もいるかもしれません。

それは理解できますが、必要のないコミュニティに関わっていては、時間や思考、感情という限りあるリソースが必ず不足します。

ここで少し思い返してみてください。

今付き合いのあるコミュニティの中に、自分にとって不要なものはありませんか。

実はストレスを感じているコミュニティに、惰性《だせい》で参加していませんか。

友人に連れられて参加したお茶会、上司に連れられて出席した勉強会、そこで知り合った人たち……。その他、ちょっと苦手だけどなんとなくつながっている、「そのうち何かの役に立つかも」といった打算で所属しているコミュニティも……不要です。

これを機に抜けてはどうでしょうか。

SNSでのつながりも同様です。

なんとなくフォローしてきたアカウントや、一度会っただけでつながったけど、それきりになっている人などを定期的に見直して整理するといいでしょう。

「なんか違和感…」をヒントにする

自分にとって必要かどうかの見極め方がわからない方もいるかもしれません。

ならば、**基準とすべきは「違和感」だけ。**

違和感があるというのは、あなたがこれまで積んできた経験値から感覚的に食い違っているということ。

仕事との向き合い方、人との付き合い方、社会との関わり方、どう生きていきたいのかという価値観・人生観のズレが違和感のもとになっているはずです。

たとえば、私は損得勘定だけでビジネスをすることが好きではありません。

自分だけがよければよいという主義ではないため、損得重視の人たちが集まっているコミュニティにはどうしても違和感を抱いてしまう。
だから、そういう人たちには近づきませんし、アクシデントで足を踏み入れても、違和感を抱いた瞬間から、するりと離れたりしています。

違和感の正体は、必ずしも明確にする必要はありません。
明確に「嫌い」「苦手」とは思わないが、なんか違和感がある……。
考え方は近いはずだが、なんか違和感がある……。
いい人たちだけど、なんか違和感がある……。
すべて、自分にとって不要なコミュニティと見なしていい。
理系頭の私はデータとロジックを重視しますが、こればかりは直感でもかまいません。

「なんか違和感……」。

コミュニティを捨てる理由としては十分です。

「見返りを求めない関係」まで絞り込む

そう決まれば、あとは極力ストレスのない方法でフェイドアウトするのみ。誘われても、

「すみません、あいにく先約がありまして……」

「最近忙しくて、ちょっと……」

など、何でもいいので口実をつくって断る。

こうしてのらりくらりと逃げていれば、そのうち誘われなくなります。

時間は有限です。だからこそ、**自分にとって本当に大切な人たちと、より深く豊かな関係を築くために時間を使う**べきではないでしょうか。

これこそがコミュニティを捨てることの本質です。

私自身、損得勘定ではなく心でつながっている仲間、話しているとさまざまな発見や思考を深めるきっかけをくれる仲間とだけ付き合えればいいと思っています。

違和感を抱えながらつながっているだけの人たちは、私が本当に困ったときに助けてはくれませんでしたから。

「コミュニティを捨てる」という言葉をネガティブに受け取るかもしれませんが、思いきって捨てることは、自分の人生に大きなベネフィットをもたらします。

SNSを通じて人同士がつながりやすくなった現代社会では、「何」だけではなく「誰」も、慎重かつ気前よく見極める力が求められます。

不要なコミュニティを断ち切ることで、自分にとって本当に大切な情報と人間関係に集中できます。

－POINT－

どうでもいい人たちに時間を費やしていては、自分の人生を生きられない

「虚栄心」を捨てる

⬇カッコつけずにがんばる

偽ったぶんだけ「無駄情報」が集まる

虚栄心とは、実際の自分よりも「大きく見せたい」「優秀と思われたい」という心理のこと。

「自分はもっと大きなプロジェクトを任せられる」
「能力不足だと思われたくない」
「断るとチームに迷惑がかかる」

そんな心理から、つい自分を盛って見せがちですが、これをしていいことは一つもありません。

なぜなら、**過度な虚栄心は、無駄な情報収集を招き、結果として情報過多の原因になる**ことが多いからです。

たとえば、100メートルを10秒で走れるふうを装うと、重要なリレーのアンカーに任命され、9秒台で走ることを期待されるかもしれません。

そうなれば、明らかに自分にミスマッチなトレーニングを受けたり、練習量をこなしたりしなければならなくなります。

仕事の場合も同じです。

自分を過大に評価して難しいプロジェクトを引き受けた場合、必要なスキルや知識、関連するデータなど、そのプロジェクトに必要な情報を無理に集めようとします。

これにより、自分のキャパシティをはるかに超えた量の情報を取り込む必要に駆られ、情報過多に陥ります。

できもしない仕事を「できます」と豪語《ごうご》し、「大丈夫です！」と二つ返事で引き受けてしまったときのことを想像してみてください。

結局、膨大な時間を費やし、あれこれと関連情報を集めようとしますが、最終的に「がんばったね、でもね」と肩をポンと叩かれたこと、ありませんか？

欲しい情報は「素でいるとき」に寄ってくる

そんなことになるのなら、最初から盛ったりせずに、**自然体のまま真面目にがんばったほうが、周囲からも好印象を持たれ、信用される**でしょう。

武道では、「自然体を崩さない」ことが強さの秘訣と言います。

自然体とは、心にも身体にも余計な力が入らず、芯が定まっている状態。つまり「ぶれていない」ので相手の攻撃に動じず、冷静に戦える。だから勝てる。

逆に、不自然になったほうが負けます。

これは仕事にも言えることだと思います。

緊張やゴマすり、忖度《そんたく》……こんな不自然な状態で、最大の成果を求めることなどできません。

また、仕事は対戦相手と「戦う」ものではなく「協力する」もの。

虚栄心から自分を偽れば、相手もまた自分を偽る。

これって「ダブルで不自然」です。

そんな「かっこつけ合戦」から、成果につながる有意義な議論が生まれるはずもありません。

相手にも自然体になってもらうこと、もっと言えば相手の自然体を引き出すことで「自然体×自然体」の相乗効果が生まれ、成果を出しやすくなります。

相手の自然体を引き出し、相乗効果を生むためにも、まず自分が自然体になりましょう。

いくら盛れても、盛り続けることはできない

沸騰しているお湯も、カチカチの氷も、放っておけば常温の水に戻ります。力いっぱい投げたボールも、やがて失速してポトリと落ちます。疾走《しっそう》するジェットコースターも、やがては減速して止まります。

これと同様、いくら自分を大きく見せても、結局はもとの身の丈に戻らざるをえません。自然界の物理法則には人間も従わざるをえないのです。

虚栄心の不毛さ、ご理解いただけたでしょうか？

一方で、虚栄心が常に悪いというわけではありません。

適度な虚栄心は、自分の内面を磨くモチベーションにつながるなど、ポジティブな効果をもたらすこともあります。

しかし、「演じた自分」と「実際の自分」に大きな差がある場合、ミスマッチな仕

事があなたのもとへやってきて、本来の実力以上の成果を求められ、結果としてプレッシャーやストレスが増え、パフォーマンスが低下します。メンタルを病んでしまうことすらあるのです。

虚栄心を捨てることで、自己アピールや他者の期待に応えるための過剰な情報収集が減り、本当に必要な情報に集中できます。

そして何よりも、振り回されない、消耗しない、ブレない自分の軸とスタンスを代わりに手に入れることができるようになります。

－POINT－

「素の自分」が最強。相手の自然体まで引き出せたらベスト

「ビジネス書」を捨てる

➡〝自分だけのテクニック〟を編み出す

他人の「いち成功体験」でしかない

ビジネス書は、著者の経験や知識、成功体験を凝縮した情報の宝庫であり、新しい知識やスキルを得るうえで有効です。

また、ビジネス環境は急速に変化しており、新しいトレンドや概念が次々と登場します。ビジネス書はこれらの最新情報を提供する手段となります。

一方で、マーケティング、リーダーシップ、タイムマネジメント、マルチタスク、マインドフルネス、言語化、心理的安全性……新しいキーワードのビジネス書が次々と出版される中で、どの本を選ぶべきか迷うことが増え、情報過多を感じることはありませんか？

本によって言っていることが違ったり、あるいは一冊で100ものテクニックが紹介されていたり、混乱することがあります。

私は書店巡りが好きでよく足を運ぶのですが、いろいろな書籍のタイトルを眺めていると、まさに情報洪水を絵に描いたような光景に、頭がクラクラしてしまうこともあります。

ビジネス書を選ぶ際には、**「本当に中身のある書籍かどうか」**を見極めなければなりません。

たとえば、効率的に仕事を進めるうえで、「シングルタスク」と「マルチタスク」のどちらが有効か――。

一見大事な議論に見えるかもしれませんが、私にとってはどっちでもいい考え方です（笑）。

ビジネスパーソンが、同時に何案件かを抱える「マルチタスク」の状態になるのは当たり前。とは言え、同時処理ができるパソコンなどとは違って、一つひとつの仕事に向き合う瞬間瞬間は、常にシングルタスクのはずです。

こういった逆張り感のあるビジネス書は、私ならその時点で選びません。

また仮に、優れたビジネス書があるとして、**その情報がそのまま自分にフィットするかどうかも見極める**必要があります。

なぜなら、読者一人ひとりの話し方のクセや持ち味は異なるからです。

テクニックは「自分で確立」するもの

仕事に必要なものは「基礎的な素養」と「具体的テクニック」の二つに分けられます。

「基礎的な素養」とは、すべての土台である基礎学力に加え、職種ごとの基礎知識、実務能力、基本的なコミュニケーション能力……つまり仕事における「読み書き・そろばん」のようなものですね。

こうした基礎的な素養を、より実践的な形で発展させたのが、「具体的テクニック」です。

たとえば、大口の受注がかかったコンペのプレゼンで存在感を出したいとしましょう。そこで第一に求められるのは、課題発見能力やコミュ力、資料作成力などですよね。ただ、それだけでは存在感を発揮しきれないことがあります。

そこで、「結論を先に伝える」や「話をシンプルにまとめる」などの具体的テクニックが役立つことがあります。

こういった情報を紹介するビジネス書を、あなたも読んだことがあるのではないでしょうか。

しかし、職種、作業内容、職場環境、能力や性格、これらが全部違う読者にとって、万人に通用する普遍的なテクニックなど存在するのでしょうか。

ビジネス書は、それぞれの著者が成功体験をまとめて、具体的なテクニックにして共有したものです。そのノウハウが、確立した著者にしか通用しない可能性もあります。著者の具体的ノウハウを鵜呑みにして実践すると、仕事の妨げになる危険があるのです。

早い話が、どんなシチュエーションでも「結論ファースト」を貫き通すような、見当違いなマニュアル君になってしまうリスクがあるのです。

著者の「思考法」をインストールする

誤解がないように言っておくと、私はビジネス書を読むこと自体を否定するわけではありません。

では、ビジネス書はどう読み、受け取ればいいのでしょうか。

ビジネス書の有用性は、一定の成果や成功を収めた人が**「どうやって考え、その成果・成功に至ったのか」**にあります。

たとえ具体的テクニックを紹介している書籍であっても、著者がどうやってそのテクニックにたどり着いたのかに注目しましょう。

なぜ「結論ファースト」で話したほうがいいのか。

その背後には「著者がコミュ障」だったとわかれば、はたして自分に有効なのか、逆に他の状況ではどんな話し方が有効になるのかなど、いろいろな情報が見えてきます。

その思考法を自分の頭にインストールして、自分の職種や作業内容、職場環境、能力や性格に合わせて、自分で試行錯誤しながら、自分オリジナルの具体的テクニックを編み出してください。

そうすることで、より効果的に仕事を進めることができ、自分を迷走させることなく、成果を上げられるようになります。

－POINT－

百のテクニックに縛られるな。むしろ著者の歩んできた道に目を向ける

「口コミ」を捨てる

⬇自分のセンサーを信じる

「レビューを見る＝調べる」ではない

現代社会では、口コミサイトがあふれています。

レストラン、コスメ、家電、転職先、病院、さらには観光地や映画まで——あらゆるものにユーザーがレビューを投稿しています。

高価な買い物から生活必需品まで、何かを選ぶ際に「星はいくつかな？」「どんなレビューがついてるかな？」などとチェックするのが当たり前になっていませんか？

でも、ちょっと立ち止まって考えてみてください。

その情報、本当に信用できますか？

口コミサイトの星の数は、一見便利に見えますが、実際には「事実の可能性の一つ」に過ぎません。

参考材料の一つとして見るのはいいですが、それだけを根拠に選択すると失敗する確率が高まります。

口コミは結局、「誰かの主観」に過ぎません。それが自分の感覚に合致する保証はありません。

たとえば、グルメサイトで高評価の飲食店で、「口コミは高評価だったけど、自分には全然合わなかった」という経験はありませんか？

むしろ私はそういった経験のほうが多いくらいです。

逆に、自分が大好きな飲食店が、口コミサイトでは低評価だったりすることが往々にしてあります。

つまり、口コミはそれだけ当てにならないものだということです。

だったら、口コミなど最初から捨ててはいかがでしょうか。

どこの誰かもわからない人の主観より、これまでの自分のさまざまな経験がもとになってできあがっている「直感」を信じてみる。

いちいち口コミをチェックする手間からも解放され、実にシンプルです。

「ハズレだった！」では済まない場合もある

「星の数に騙された」「高評価だったけど私の口には合わなかった」で済むケースならまだしも、絶対に失敗できない会食や、子どもを通わせる塾、家族の病気を治療する病院を探すといった場合は、口コミだけを根拠に選ぶのは非常にリスクが高いです。「ハズレの医師に手術されてしまった」では済まない、人生に関わる重大な選択です。

ここで重要なのは、やはり「現地現物」です。

自分で実際に足を運び、体験して結論を出す。その場所に行った経験がある身近な人に聞くのも有効です。

たとえば、会食のレストラン選びに迷ったら、グルメな友人に聞いて行ってみる。子どもを通わせる塾を探しているなら、塾に通わせた経験のあるママ友に聞いて子どもを通わせてみる。病院を探しているなら、同じ病気を治療した知人に聞いて行ってみる、といった具合です。

口コミサイトを一次情報にせず、リアルな知人の情報を手がかりに「〜してみる」。これが取得する情報の精度を高め、自分にとってよりよい選択ができる秘訣です。

―POINT―

口コミではなく、〝現地現物で確定する〟

「親」を捨てる

➊「今までこうだった」は人生の指針にならない

それは「刷り込まれた情報」かもしれない

実は親はあなたにとって、大きな情報の入り口です。
親は子どもにとって最も身近で影響力のある存在であり、その影響は生まれた瞬間から始まります。

「勉強するべきだ、スポーツもがんばるべきだ」
「偏差値の高い学校に進学するべきだ」
「安定した仕事に就《つ》くべきだ」

あなた自身、そのように考える傾向はありませんか？

それはもしかしたら、親からのインプットがもとになっているかもしれません。価値観をことさらに押し付けられた経験がなかったとしても、あなたのものの見方や考え方、判断基準に、親は大きな影響を与えます。

言い換えると、知らない間に情報が刷り込まれてしまいます。

彼らの経験や知識という情報は貴重ですが、そのアドバイスが現代に必ずしもフィットするとは限りません。

特に、**親の言うことに従って進路やキャリアを決めるのはかなりリスキー**です。

私は転職の相談を受けることもありますが、相談者の話をよくよく聞いてみると、一社目の会社選びに親の助言に従って決めていた……という例は枚挙にいとまがありません。

「1万年前の地図」で旅はできるか

時代は常に移り変わります。

ここ数十年は変化のスピードが特に速く、世の中の倫理観、人々の働き方・生き方、テクノロジーの進化、何もかもが急速に変わっています。

たとえば、今の80代の親の世代が就職した頃、最も有望な就職先は大企業や公務員職などで、一度就職すれば生涯安泰《あんたい》とされていました。

時代が下ると、エリートと言えば総合商社マンの時代があり、その後はＩＴ企業がもてはやされました。

そして少し前は、インフルエンサーやYouTuberが「なりたい職業ランキング」の常連となり、またその時代も変わろうとしています。

特に今は、スマホの浸透により変化のスピードは加速し、新しい生き方や働き方、業態がどんどん出てきています。

また、かつては「35歳リミット説」が転職の常識でしたが、今では40代・50代でも能力と意欲があれば転職が当たり前になっています。

こんなふうに、自分の親世代が自分くらいの年齢だった頃とは、何もかもが違います。

だからこそ、自分とは何十歳も離れた人たちの常識や価値観を鵜呑みにしてはいけません。

それに従って人生を歩む行為は、**1万年前の地図で旅に出るようなもの。**今の世界では、それらの情報は役に立たない、ただそれだけのことです。

もちろん、1万年前の地図を「当時はこうだったんだな」と頭の片隅に置いておくのは悪くありません。

もしかすると、「この辺りは昔は海だったから、深く掘ると珍しい貝殻が出てくるかも」というように、役立つこともあるかもしれません。

同様に、親や年配者の体験や価値観を「当時はそうだったんだ」と参考にするのはいいですが、それが今の生き方の指針になることはありません。

「また古いことを言っている」でもダメ

とは言え、親や年配者の意見がすべて無価値というわけではありません。

個人的な経験や価値観に基づかず、今の「事実」をもとに考えたアドバイスであれば、参考にする価値はあります。

たとえば、「リモートワークが普及しているから」「環境問題への関心が高まっているから」「日本の人口は減少しているから」といった**「事実に基づくアドバイス」は役に立つ**こともあります。

子のためを思う親が、こうした建設的な意見を言ってくれることもあります。

ですから、「また古いことを言っている」と思い込み、親の意見に耳を塞ぐのも得策ではありません。

しかし、**参考になる意見でも鵜呑みにするのは禁物。**

あくまで、自分自身のために、自分の頭で考える材料の一つとするべきです。

「親を捨てる」と言うとびっくりするかもしれませんが、ここで言いたいのは縁を切ることではありません。

要は、その発言や情報が「事実」をもとにしているかどうか。

年齢の上下などは関係なく、どんな場合にもファクトベースで言及されているか否かだけを見極めることに集中してみてください。これは親に限らず、上司や役員が相手でも同じ話です。

－POINT－

人生経験の差は判断基準にならない。ファクトだけを信用する

「子」を捨てる

⬇「自分で考える」ように仕向ける

誰にも「10年後の幸せ」はわからない

育児法から学校選び、習い事、進路、就職先……子どもの将来を考えると、親として情報収集に追われるのは当然ですよね。

たとえば、子どもの教育に関する情報をあれこれと調べるのに夢中になって、気づけば夜中の3時。

まるで親の仕事がデータアナリストみたいに感じられることもあるでしょう。

親としては、できる限りの知識を授け、経験をさせ、愛情を注ぎたいと思うのは当然のこと。しかし、親から子どもに教えられることもあれば、教えられないこともあります。まず、この点を整理しておきましょう。

学校の勉強や基本的な倫理観などを教えるのは問題ありません。「1＋1＝2」や「地球は約365日で太陽を一周する」といったことは時代が変わっても不変だからです。

一方で、何を勉強するべきか、どの学校に進学するべきか、どんな会社に勤めるべきか――。

「人生の選択」については、親が正解を教えることはできません。

自身の経験や価値観から「こうすべきだ」と示したくなるかもしれませんが、それは避けるべきです。

たとえば、ここ数年で生成AIは飛躍的に進歩しました。

親が「大企業が一番安定している」と言っても、現在ではスタートアップやフリーランスが多くの自由と柔軟性を担保しながら、スキルや専門知識で社会に価値を提供し、収入を得ています。

大企業が必ずしも安定の選択とは限らないのです。

かつて、私は親からよく「安定した職に就け」と言われましたが、今や「安定」が何なのかさえ不明確です。そんな中で「安定」という基準でスキルや職業を選択することこそが、非常にリスキーな時代です。

10年前は考えられなかったことが「当たり前」になる時代に、子どもがどのような選択をしたら10年先、20年先の未来に幸せでいられるかなど、どんなに賢い親でもわかりません。

「自分で考えなさい」が最強の教育

ますます目まぐるしく変わる社会で、子どもの人生の最適解は子ども自身が自分の頭で考えて出すしかありません。

親が教えられるのは、**「自分で情報収集し、自分で考え、自分で選択する本質的な能力を身につけなさい」**ということだけ。つまり、前項の「親を捨てる」とは逆の視点で考えるのです。

私には娘がいますが、「どこの高校に行けばいい？」と聞かれても、人口データや各国の経済成長率などといったファクトを示してあげる程度です。●●大学や××株式会社といった固有名詞は一度も使ったことがありません。

親自身が子どもに「自分で考える」よう促すことで、親も過剰な情報収集から解放されます。

親がすべてを決めなくても済むようになり、「どのアドバイスが正しいんだ？」と頭を悩ませることもなくなります。

結果として、親もリラックスして、子どもの成長を、自分の人生の一つとして楽しむことができるようになるのです。

－POINT－

正解ではなく、「正解を選び取るチカラ」を教える

COLUMN 2

「電車移動」を捨てない

移動の効率を考えると、タクシーを利用するのは非常に便利です。

タクシーなら目的地まで乗りっ放しで、移動中もパソコンを開いて仕事ができます。

公共交通機関なら憚《はばか》られる通話も、多少の声量であれば運転手さんに迷惑をかけずに済みます。

私も、特にアクセンチュア時代に、深夜残業後の帰宅時などによくお世話になっていました。

しかし、現在は経営コンサルティング会社の経営者となり、電車移動の価値に改めて気づきました。

というのも、公共交通機関は、トレンドを窺《うかが》い知ることのできる情報の宝庫なのです。

電車に乗ると、私は基本的にスマホも本も取り出さずに、周りの人々を観察し、中吊《づ》り広告をまんべんなく眺めます。時には途中の駅で一度降りて別の車両に乗り換えたりもします。

特に見出しがズラリと並んでいる週刊誌の広告は、何が流行なのか、人々の関心がどこに向かっているのかを垣間見る格好の情報源なのです。

たまに他の乗客のスマホ画面が目に入ることがありますが、これもまた興味深い。スマホ画面に映し出されるコンテンツは、その人の関心そのものです。

そうしていれば、現代人がいかに健康やお金、最新のガジェットに関心を持っているかが窺い知れます。

大切なのは、何が流行っているのかではなく、「なぜ流行っているのか」。

タクシーに乗り数十分を時短するより、潔く電車に乗り、最新のトレンドや人々の関心事をリアルタイムでキャッチして、ビジネスに活かすことを考えるほうがよほど生産的です。

この発見以来、私は基本的に公共交通機関を使うようにしていますし、ウチの従業員にもそうするように勧めています。

電車移動は、単なる移動手段ではなく、情報収集の場でもあるのです。

実際には、経営者として経費削減の必要が本音だったりして（笑）。

3章

捨てれば捨てるほど「人生」が拓ける

「成功体験」を捨てる

➡その都度、最善策は変わる

「偶然の産物」に再現性はない

「仕事の進め方」や「成功の秘訣」、「あのとき、こうしたからうまくいった」……あなたは、うまくいったとき、そのときの段取りを記録に控えたり、使用した資料のフォーマットを残しておいたり、詳細にメモしたりしていませんか?

たとえば、ある営業担当者が、事前に顧客のニーズを詳細に調査し、訪問時に個別の提案資料を用意し、丁寧に説明を行ない、その後も継続的にフォローアップする……丁寧な顧客対応を徹底することでうまくいったとします。

この成功体験は、「丁寧な顧客対応が成功につながる」という情報として、その担当者の脳に記録されるでしょう。

ところが、今回の顧客は忙しく、対面での時間を割くことが難しくなっています。それにもかかわらず、対面に固執《こしつ》したために、迅速かつ簡潔な対応が遅れ契約を逃してしまった……。ありがちな話です。

過去の成功や固定観念にとらわれると、情報過多のリスクを生じさせ、次の意思決定を困難にすることがあります。

私はTBSで、『日曜劇場』や『SASUKE』、『レコード大賞』といった看板番組のプロモーションやマーケティングを担当してきましたが、たとえば、あるドラマのプロモーションが大成功したからと言って、次回も同じ方法でうまくいくとは限りません。

市場のトレンドや視聴者の好み、競争環境は常に変わるからです。

成功したときのやり方は「そのとき、たまたまうまくいったやり方」であり、再現性はないのです。

また、私が好きな競馬で言えば、ある競馬場でぶっちぎりで勝った馬が、ほんの少し「芝の厚み」が違う別の競馬場では負けてしまう、なんてことはザラにあります。

馬と騎手の組み合わせ、天気、競馬場のコンディション、他の競走馬の状態、芝の長さ、風速、馬の当日の体調……変数を挙げればきりがない。

仕事も同じです。

成功したときの仕事の進め方や段取り、相手とどんなコミュニケーションを取ったか……ことさら覚えておこうとする必要はありません。

成功した瞬間、「やったぜ、自分！」とちょっと自画自賛したら、その後はすぐに頭をまっさらにすればいい。

過去の成功体験を捨てて、次の成功に向けて軽やかに進み出しましょう。

「失敗」には大きな価値がある

一方で、覚えておいてほしいのは、**「すべての失敗には再現性がある」**ということです。

というのも、古今東西、失敗の再現性はほぼ一つ、「コミュニケーション不全」に集約されます。

ガリレオが饒舌《じょうぜつ》で根回しがうまかったら有罪判決にはならず、彼の天文学理論は賞賛されていたかもしれませんし、信長も家臣との信頼関係を築けていたら、歴史だって変わっていた可能性があります。

そして、私もコミュニケーションで失敗して社内で干《ほ》されたことがあります。

トヨタに入社したばかりの頃、他部署の上司が言っていることが非論理的だと思って「それはナンセンスですよ」と言ってしまいました。

上司はカチンときて、その後2ヶ月間、その部署では誰も口を利いてくれませんでした。

その後、自分の部署の上司が引き立ててくれて、ようやくまともに仕事ができるようになったのですが、今思い返すと「なんてナンセンスな俺……」です。

この経験から、「伝え方にも変化球が必要」と学びました。

それ以来、誰に対しても伝え方には細心の注意を払っています。

この体験は捨てずに取っており、これからも捨てるつもりはありません。


失敗は苦いので、すぐに忘れたくなります。成功は甘いので、いつまでも味わっていたくなります。でも、**再現性を考えると実際にとるべき態度は「逆」**です。

成功には再現性がないから、成功体験は捨てる。

失敗には再現性があるから、失敗体験は捨てない。

そうすれば、あなたがインプットしておかなければならない情報はかなり絞り込めるはずです。

- POINT -

成功ではなく、失敗に目を向ける。

そして「コミュニケーション不足」には要注意

「人生計画」を捨てる

⬇目の前のことに集中する

人生は「予測不能な変数」だらけ

あなたには人生計画がありますか？

ない方は、「きちんと計画を立てなきゃ」と焦《あせ》るかもしれません。

たしかに、人生１００年時代と言われる昨今、何の計画もないまま場当たり的に生きていくのは不安かもしれません。

でも、その必要はありません。

なぜなら、どうせ綿密な計画を立てても、**その通りに生きられる人なんて「1％もいない」**からです。

たとえば、「3年以内にチームリーダー、5年以内に営業部長、10年以内に役員」といったキャリアプランを立てても、会社の方針転換や市場の変動、人事異動などで計画が台無しになることがほとんどです。

例外と言えば、大谷翔平選手くらいでしょう。

彼は高校生の頃に「8球団でドラフト1位」という目標を立て、そのために必要なことを「マンダラチャート」にまとめて努力を重ねました。

しかし、彼のように大志を成し遂げるのは稀です。

彼の成功は、恵まれた体軀《たいく》、強い意志、野球への情熱、そして外部環境の要因が奇跡的に重なった結果です。

私自身はどうかと言うと、大谷翔平と同じく、小中高生時代は野球好きな父と兄の影響を受け、野球漬けの毎日を送っていました。

しかし、全国高校野球選手権大会で敗退したのを機に、学業に精を出し始めます。

大学では理系に進み、化学合成やＤＮＡの研究に従事しました。

大学院まで研究を続けましたが、新卒として自動車会社のトヨタにエンジニアとして入社しました。最終的にトヨタに入社を決めたのは、社員の方などと会ってみて、そこなら自分が自然体で働けると感じたから。

その後、ＴＢＳへ転職し、人気番組のプロモーションやマーケティングに携わります。ＴＢＳに転職できたのは、トヨタで身につけた「データサイエンス」の分析スキルを高く評価してもらえたからです。

「今、このときの選択」を積み重ねた結果

しかし、この分析スキルは、**トヨタ時代に上司に命じられ、会社恒例のデータ分析大会に出場することになり、自分の意志とは関係なく身につけたもの**です。

あのときは、休日も利用してイヤイヤ勉強しましたが、上司の提案を断っていたら、今の私の最強の武器は手に入らなかったでしょう。

というのも、さらにその後に外資系コンサル会社のアクセンチュアで経営について学んだのちに、経営コンサルティング会社を起業するのですが、トヨタ時代にＡＩの

根幹となるデータサイエンスのスキルを習得できていたからこそ、今の私は他の戦略コンサルタントと大きく差別化でき、そして今の会社をを創業できたのだと思います。学生時代に、将来自分が起業しているなんて夢にも思っていませんでした。こう考えると、人生の計画なんて本当に予測不能だと実感します。

ただ、**目の前のことに一生懸命に取り組んできた**ことだけは確かです。

私は映画鑑賞が趣味なこともあり、映画『フォレスト・ガンプ』の主人公、フォレストのように、自然体で生きることが理想的だと考えています。

彼は「Life is like a box of chocolatates」(=人生はチョコレート箱のよう。開けてみるまで何が入っているかわからない)と考え、目の前にあることに全集中します。そして、彼には将来の目標もなければ人生戦略もありません。ただ目の前のことに一生懸命取り組み、結果的に幸せな人生を送ります。フォレストの生き方は、人生が単純な一本道ではなく、その時々に選択した行動がつながり合って一つの人生を構築していくことを示しています。

これは、スティーブ・ジョブズの言う「コネクティング・ザ・ドッツ」にも通じます。

人生とは予測不能であり、計画を立ててその通りに進められると考えるのはナンセンスです。

「頂点を目指すこと」に精一杯になっていないか

そのため、私の会社には、大げさな中長期計画はありません。

「クライアントの期待に120%で応える」、それだけです。

いち企業の社長として頼りなく聞こえるかもしれませんが、それを続けてきた結果、そのシンプルな経営方針で8期目を迎えることができています。

人に喜ばれることを追求した結果、豊かさを手に入れてきた——それは最初から豊かになる未来を描いて逆算することとは違います。

仮に人生戦略を立て、その通りに進んだとしても、本当に幸せになれるとは限りません。

頂点を目指す過程で、大切な人との時間を犠牲にしてしまうこともあります。

私が今までに会ってきた多くの「成功者」とされる経営者たちも、むしろ、**成功と幸せが反比例している**例のほうが多いように感じられます。

誰もが憧れるような経営者や有名人の方々から、プライベートで人生相談を受けることもあります。成功を手にして幸せではない状態は山ほどあります。


人生設計を練っても、あなたを縛る情報が増えるだけ。

今目の前のことに一生懸命取り組むほうが、ずっとシンプルで着実です。

－POINT－

経営者も芸能人も、狙ってその立場にいる人は少ない

「リスキリング」を捨てる

「勉強のための勉強」はしない

「ビジネスごっこ」の勉強は人生の無駄

「仕事に必要だから」、「もっと知りたいから」、「興味があるから」、新たに何かを学ぶ。

これはごく自然なことで、レベルアップする人が昔からやってきたことです。

しかし、最近「リスキリング」という言葉が注目されたことで、「学び直さなくちゃ症候群」が量産されるようになりました。

必要性や興味関心という合理的な理由がなく、「なんとなく今のままではダメな気がする……」「周りも学び直しをしているから自分もやらなくちゃ……」「スキルを身につけておけば、将来役に立つだろう……」と感じ、何かにとりつかれたようにリスキリングを始める人が少なくありません。

たとえば、プログラミングのリスキリング。

プログラミングの経験がない人が一から学ぼうとすると、「プログラミングとは一体何か」というところから始め、最新のプログラミング言語やフレームワークなど、インプットしなければならないことがドッと増えます。

たとえ一通り身についたとしても、どのようにキャリアプランニングすればいいのか、業界の動向は、技術のトレンドは、将来性は――。

気づけば情報が次々と積み重なっていき、情報の洪水に溺れてしまうことも少なくありません。

必要も興味もない勉強をやめることです。

なぜ、何のために学ぶのか

必要かどうかの判断基準はひとつだけ。学ぶ動機について、次のように自問してみてください。

①自分が偉くなるため？
②誰かに喜んでもらうため？

①の場合は要注意です。
なぜなら、どれだけ高い資格を持っていても、**世のため人のためという視点を欠いた学びは、実際の仕事ではほとんど役に立たない「勉強のための勉強」に陥る**結果になるからです。言い換えれば、自己満の域を出ることはありません。

たとえば、英語を学ぶのは誰のためでしょうか？
①自分のキャリアアップのため？
②クライアントや、一緒に仕事をする外国人のため？

①の人は、TOEICのスコアは高くなりそうですが、何年もかけ、実践の場では役立たない「笑われない英語」を身につけがち。

②の人は、すぐに実践の場で英語を試そうとするはずです。

文法などグチャグチャでも、身振り手振りも活用して「伝える」ことに意識が向くからです。

「どちらが現場で使えるか」は一目瞭然。

あるいは、MBA（経営学修士）を取得するのはなぜでしょうか？

①自分のキャリアのため？

②社会に価値を提供するため？

②の場合であれば、実際にビジネスを立ち上げて経験を積むほうが早いかもしれません。

たとえ失敗したとしても、「会社経営をした」という経験があれば、MBAを取得しなくても、経営の本質を知る方は自分の経営経験について一目置いてくれるでしょう。

人生の時間は限られています。

不毛な学び直しなんか捨てて、今目の前のことに集中し、誰かの役に立つことを考えるほうが、ずっとシンプルで充実した人生を送れるのではないでしょうか。

－POINT－

利己的か？ 利他的か？
「誰かの役に立つ」ためのリスキリングを。

COLUMN 3

「優しさにつながる情報」を捨てない

人は誰しもさまざまな事情を抱えて働いているものです。

それぞれの個人的な事情なんて仕事には関係ない。

私情は持ち込むべきではない。

そのような考えもあるかもしれませんが、私は、従業員に対して、そんな非情になりたくはありません。

会社で部下や後輩を見て「元気がないな」と思ったら、無理に事情を聞き出す必要はありませんが、少し慮《おもんぱか》るくらいの気持ちは持っておきたいものです。

なぜなら、私たちはビジネスパーソンである前に、一人の人間だから。

・体調が悪そうだ……
・家族の健康問題に悩んでいるらしい……
・長い間楽しみにしていた旅行を控えているんだったっけ……

などと精神状態を推しはかりつつ、場合によっては仕事の振り方にも少し配慮を加えます。

そこまで含めて、組織を率いるトップの責任であると考えています。

たとえば、重要なプレゼンテーションの前日に家族の病気で悩んでいる部下がいれば、その負担を少しでも軽減するためにサポートしましょう。

また、長い間楽しみにしていた旅行を控えている部下がいれば、その日は優先的に対応してあげるのも思いやりです。

自分が部下の立場でも同様です。

たとえば、上司が忙しそうにしているときは、緊急の案件でもない限り、相談を持ちかけるタイミングも慎重に見極めてあげてください。

私はトヨタ時代、よく上司の行動パターンを観察していました。

たとえば、上司がコーヒーを注ぎに席を立ち、戻ってきて数口飲んだあとに、「ちょっといいですか」と相談しに行っていました。

上司がコーヒーを注いで戻った直後に声をかけると、(おいおい、コーヒーが冷めてしまうじゃないか……)と、面倒がられたはずです。

相手の状況を細かく理解し、適切なタイミングで行動することで、職場全体の雰囲気も向上します。

優しさにつながる情報を捨てないことが、ビジネスの成功にもつながるのです。

4章

捨てれば捨てるほど「ストレス」がなくなる

「比較」を捨てる

⬇「自分のものさし」で生きる

「他人のものさし」は無数にある

毎朝起きるとまずスマホを手に取り、ＳＮＳをチェックする。友人の豪華な旅行写真や家庭の幸せそうな写真を見ては、自分との違いに、心の中でため息をつく。

職場では、同僚がプロジェクトで成果を上げたり、上司に褒められたりするのを見て、「自分は何をしているんだろう」と劣等感を抱いたり、一時的な優越感を覚えたり……。

こんなふうに、他人のＳＮＳ上の投稿や成功体験に一喜一憂して、自分を見失いがちになることはありませんか？

多くの方がすでに悟っているように、他者との比較から生まれるのは劣等感か優越感くらいのもので、得るものはありません。

無意味な情報に振り回されるのは、時間と心の浪費に過ぎません。

ではなぜ、つい他人と自分を比べてしまうのでしょうか。

それは、**他者を基準にして自分のポジションを確認したいから**です。

「あの人と比べると自分はこれくらい。なんてダメなんだ」「あの人と比べると自分はこれくらい。けっこういい感じじゃないか」と。

劣等感に苛《さいな》まれようと優越感を抱こうと、これは「他人のものさし」で生きるということです。

唐突ですが、私は今、2周目の人生を生きています(笑)。

というのも、大学院2年生の初夏に交通事故で命を失いかけたことがあるのです。

友人宅で麻雀《マージャン》を楽しんだあと、朝方にバイクで帰る途中のことでした。

車に撥《は》ねられ、宙を舞った私は意識不明の重体に陥りました。

警察の調べでは、私は14メートルも吹っ飛ばされていたそうです。

落ちた場所がアスファルトではなく土手だったことも、奇跡的に一命を取り留めた要因でした。

幸運にも、当時フルフェイスのヘルメットを被っていたことと、落ちた場所がアスファルトではなく土手だったことで、一命を取り留めました（実は、ハーフキャップに替えようと思っていた矢先の出来事でした）。

「やりたいこと」で頭と心を忙しくする

もし何か一つでも違う条件があったら、確実に命を失っていたでしょう。

この出来事を通じて、生きる意味について深く考えるようになりました。

それまでは経済的な成功や上昇志向を強く持っていましたが、一度は死を覚悟したことで、それらがどうでもよくなりました。

「人生は一度きり。人はいつか死ぬし、それがいつ訪れるかわからない」という当たり前の事実を思い知ったのです。命を失いかけたことで、「自分は何のために生まれてきたのか」「現世を満足するためだ」と考えました。

「いつ死んでもいいように生きたい」と思っていると、「何をしたいのか、何をすべきなのか」という問いの連続で頭も心も忙しくなります。

早い話が、**「他人のものさし」で生きている場合ではなくなるのです。**

生死の境をさまよう経験は誰もがするものではありませんが、いったん立ち止まって考えてみることはできます。

今からでも遅くはありません。

「人と比べて自分はどうか」から**「自分はどうしたいのか」**への方向転換に挑戦してみてください。

－POINT－

人と比較しても消耗するだけ。そんな時間があるなら〝自分のため〟に思いっきり生きろ

「コメンテーター」を捨てる

⬇事実だけを「淡々と」拾っていく

「見識」は事実を複雑にするだけ

ワイドショー、ニュース番組、NHKニュース……よくもまあ、世の中のあちこちでいろいろな出来事が起こっているものです。

たとえば、ニュース番組を観ていると、キャスターやコメンテーター、専門家などの異なる意見が飛び交う中で「どの意見を信じればいいの?」と感じることも多いもの。

ニュースを長時間見終わったあと、頭の中が情報でいっぱいになっていることはありませんか?

ニュースを見てぐったりと疲れてしまう方は、**まず事実だけを受け取る姿勢を持っ**

てみてはいかがでしょうか。

たとえば、次のニュースを「事実」と「それ以外」に分けてみてください。

①政府が新しい経済対策を発表しました。
②これにより、株価が上昇しました。
③これは昨今の円高の対策を見込んだものと思われます。
④専門家は、この対策に対して懸念を示しています。
⑤今後も、株価の乱高下が予想されるとしています。

事実は、①〜②のみです。ニュースの内容を吟味すると、大半が「事実以外」であることに気がつきます。

ワイドショーやニュース番組にはコメンテーターがつきものですが、彼らが述べているのは「見識」あるいは「感想」。

コメンテーターの見解や感想は、番組上の演出として言っているものです。元局員の視点で言うと、彼らは「ショー」を盛り上げる役割を担っているに過ぎないということです。

「事実」として報じられている内容と、コメンテーターが述べている部分を区別し、前者だけをインプットするのが適切な視聴態度です。

骨太で実があるように思えるかもしれないニュース番組も、このフィルターを通して観れば、スッカスカになることがあります。

というのも、たとえ報道すべきトピックがない日でも、テレビ局はニュース番組を制作し、放送しなければならないわけですから。

NHKニュースの「味気なさ」が報道の本質

たとえば、30分間の『NHKニュース7』や、15分間の『首都圏ニュース845』などはコメンテーター不在。アナウンサーが感情を抑えて淡々と「政府が新しい経済対策を発表しました」「円相場が昨日より上昇しました」「科学者が新しい技術を発表しました」などと事実だけを報じるシンプルな構成です。

また、年末恒例の『紅白歌合戦』の途中に流れるニュース。華やかなステージの合間に淡々としたニュースが流れると、その対比でニュースの情報が一層引き立ちます。「なんだか味気ないな」と感じたことはありませんか？

しかし、この「味気なさ」こそが報道の本質です。

「事実」と「見解」を一緒に流しているものから「事実」だけを選別するのはストレスになります。ならば**最初からノイズのないもの、「事実」だけを純粋に流しているものを選ぶのがよい**かもしれません。

情報過多な時代だからこそ、コメンテーターや評論家の話は「ミュートして観る」ことをおすすめします。そのうえで「見識」を得たければ、ネットや雑誌で信頼できる専門家の意見を探すのも一手です。

– POINT –

コメンテーターは「ショーの盛り上げ役」。…というのが元局員の実感です

「覚えておかないと」を捨てる

➡「聞いたらわかる」人間関係を築く

「誰かが知っている」ならそれでいい

いい話を聞いたり、新しい言葉を聞いたりすると、まるで英単語の暗記のように、反射的に「覚えておかなくちゃ」と思うことがあります。

「昨日ニュースで見た経済動向の分析、ちゃんと覚えておかないと……」
「最近話題になったビジネス用語、しっかり頭に入れておかなきゃ……」
「新しいプロジェクトの詳細を全部覚えておかなくちゃ……」

実は、**無理して覚えようとする情報は、そもそも覚えなくていい**のです。

その理由は二つ。

まず、自分にとって「覚えておかなくていいもの」と「覚えておくべきもの」を選別する機能が、私たちの脳には備わっています。自分にとって必要性の高い情報は、覚えようとしなくても、自然に「覚えている」ものです。

もちろん、細かい数値や覚えづらい固有名詞が含まれている場合はメモに残しておく必要がありますが、すべて「覚えておかなくちゃ」と思う必要はありません。

必要のない情報は、必要のない薬と同じで「毒」そのもの。

脳に余計な負担をかけないことこそ大切です。

「覚えておかなくちゃ」を捨てていいもう一つの理由は、**努めて覚えておかずとも、どうせ誰かに聞けばわかる**からです。

この世に存在する記憶装置は、自分の脳だけではありません。

ここで私が話したいのは「人間」の話です。

たとえ自分の脳から重要な情報や細かい知識がこぼれ落ちても、同じニュースに触れたであろう知人や、同じ打ち合わせに同席した同僚の脳にはしっかり残っているはずです。

「すぐに聞ける人間関係」を構築する

忘れられないのは、トヨタ時代、人事異動で席替えがあったときのことです。

ある上司の机を運ぶのを手伝った際、その机が驚くほど軽く、引き出しを覗くとまさかの空っぽ。

「資料が何も入っていないんですね」と驚いて言うと、上司はこう返しました。

「資料なんて持つ必要ないよ。担当者が一番詳しいんだから、必要なときに聞けばいいんだよ」と言われました。

「やべえな、このおっさん」。そのときはそう思いました。

しかしその上司のことが気になり、その後も彼の観察を続けてわかったことがあります。

まあ、誰彼かまわずよく話しかけること。廊下やトイレやエレベーターなど、ちょっとした時間もフル活用して話しかけています。「情報収集」をしていたのです、他の誰よりも——。

つまり、もっと**「他力を頼る」**ことを覚える。

「覚えておかなくちゃ」を捨てる代わりに、**豊かな人間関係を構築していこう**というのが、ここで私から提示できる最適解です。

そうと知ってからは、私もいい意味で「ヤバい上司」を見習うようになりました。

優秀な人のやり方はいつもシンプルです。雲のうえからの目線での情報収集、ぜひマネしてみてください。

-POINT-

学生時代の暗記とは違う。他人の脳もフル活用して成果を出す

「インプット」を捨てる

⬇週に一度、〝オフライン時間〟を持つ

定期的に「ぼーーーーっと」する

「はじめに」でも述べましたが、現代人が1日に触れる情報量は、江戸時代の1年分、平安時代の一生分とも言われます。

一方で、人間のDNAは平安時代よりずっと以前から変わっていません。

現代人は情報ストレスにさらされており、時には静かな山の中で心を落ち着けるように、インプットそのものを遮断したくなることもあるでしょう。

脳もパソコンやスマホと同じように、働かせすぎると機能が低下します。

最近、集中力が続かない、頭がぼんやりすることが多いと感じるなら、脳がスマホやパソコンのようにフリーズしかけているのかもしれません。

だからこそ、定期的にパソコンをシャットダウンするように、インプットを遮断して脳を休ませることが重要です。

まずは毎晩しっかり睡眠をとること。とにかく脳をフレッシュな状態に保つことです。それだけで仕事の生産性は向上します。

さらに、**プラスアルファとして「ぼーーーーっとする時間」をつくる**ことをおすすめします。これは、消耗して疲れている実感がある人に特におすすめです。

たとえば、私は週に1回ほどオフィスから徒歩約3分の神宮球場に行きます。

神宮球場は東京ヤクルトスワローズの本拠地。でも別に私はヤクルトのファンではありません。だから勝っても負けてもいいわけです。

つまり試合をしっかりと見るわけではなく、ただ観衆の声援の中でぼーーーーっと過ごすだけです。スマホも見ません。

「自分だけの瞑想時間」を見つける

大都会の中で、空がスポーンと抜けている神宮球場の3塁席。周囲の人が笑顔でがやがやしている空間で、しばしばーーーーっと眺めを楽しむことが、私にとっては大切な時間。インプットを遮断して脳をリセットする一種の瞑想《めいそう》時間なのです。

瞑想の本質は心のリセットとリフレッシュ。

スタイルは人それぞれですが、野球場で「ぼーーーーっとする時間」が、私にとって最適な形となっています。

この機に、自分に合った「ぼーーーーっとする時間」を見つけて、心身をリセットする習慣をぜひ取り入れてみてください。

- POINT -

インプットもなければ、アウトプットもない
そんな時間を楽しむ

「お金の不安」を捨てる

❹〝必要十分〟を見極める

「もっと稼がなきゃ…」の正体

「今の給料では生活が成り立たないのではないか……」
「もっと稼げる仕事を探さなければならないのではないか……」
「このままでは家族を養えないのではないか……」

お金の不安は、多くの人を情報の波に飲み込んでしまいます。

でも、あなたが感じているお金の不安は、本当にそんなに大きな問題なのでしょうか？

私は転職の相談を受けることが多いのですが、必ずと言っていいほど年収の不安の話が出ます。

その際に私がおすすめしているのは、**自分の一生で必要な金額を、まずはシミュレーションしてみる**ということです。

たとえば、結婚、住宅購入、出産・教育、親の介護……といった標準的なライフイベントを考えると、生涯にかかるお金は約3億円と言われています。

ここから逆算してみましょう。

退職金と年金の受給額を0円と仮定すると、夫婦で共働きの場合、一人あたり1.5億円を、20~65歳の間に稼げばいいということになります。

つまり、1.5億円 ÷ 45年 = 333万円/年の手取り収入が必要です。

これは、月あたり約28万円の手取り収入に相当します。

また少し余裕をみて、生涯にかかるお金を4億円としてみても、手取り年収で444万円、月あたり37万円に相当します。

この金額に到達すれば、一般的な人生設計が成り立つ可能性が極めて高いのです。

どうでしょうか。意外と実現可能な目標ではありませんか?

お金を稼ぐために生きるのではなく、人生を充実させるために稼ぐ——。

そのためにどれくらいの年収が必要なのかを見極めておくことで、無理して収入アップを目指す必要がなくなり、意味のない不安が排除され、よりストレスフリーに生きることができます。

「今の会社」で収入を上げる

また、収入を増やすと言うと、何か大掛かりなことをしなければならないと考えるかもしれませんが、「お金の不安」には、将来を見すえた貯蓄計画だけではなく、目先の収入を増やすという方法もあります。

職場や職種を変えることが高収入に直結することは稀。むしろ、現在の環境で自分の強みを活かし、価値を高めることで給料を上げるほうが現実的です。

さらに、株式投資や投資信託など、資産運用の基本的な知識を身につけることもおすすめします。

手取り収入や投資による収入の増加で、「お金の不安」が解消されれば、「転職しなくちゃ」「資格を取らなくちゃ」「スキルアップしなくちゃ」という強迫観念も消滅します。

「お金の不安」を合理的に捨てることで、余計なことに無理して手を出すことなく、より充実した人生を送ることができます。

－POINT－

お金の不安から自由になる…のは意外とカンタン

COLUMN 4

「運」を捨てない

「運」とは何か。

「運がいい」とは、自分が「今より好ましい状態」になることを指します。

つまり、「運」とは「何かしら自分を引き上げてくれるもの」と言えるでしょう。

そこで「運」の正体を私なりに突き詰めてみると、それは「人」であると思います。

たとえば、自分の知識だけでは理解が追いつかないことに出会った。

でも自分よりも詳しい人に聞けば、理解できます。「今より好ましい状態」になっています。

あるいは、仕事で自分の実力以上のものを求められた。

自分ひとりでは実力しか出せませんが、一緒に取り組んでくれそうな人の手を借りれば、自分の実力以上のことができます。

やはり、「今より好ましい状態」になっています。

このように、「運」を「何かしら自分を引き上げてくれるもの」と捉えるならば、「運」とは、つまるところ「人」です。

「運」を大事にするというのは、非科学的なものに頼ることではなく、「人」を大事にするということになります。

私は、これまでにトヨタ、TBS、アクセンチュアと越境転職を繰り返し、さまざまな分野で挑戦してきました。そして現在は、経営コンサルティング会社を運営しています。

未経験の領域でもサバイブしてこれたのは、ひとえに私を支えてくれた方々のおかげです。

そして、いいご縁に恵まれるための秘訣があるとすれば、次の二つです。

①巡り合えたご縁をむやみに直接的な利益に結び付けない
②日常生活の中で感謝の気持ちを持つ

①現在、戦略コンサルタントとして活動している私は、以前にご縁をいただいた方から相談を受けることがあります。

しかし、過去のご縁に対して自分から営業をかけたことは一度もありません。

なぜなら、自分がされて嫌なことは、他人にしたくなかったから。

誰しも、知人から突然、保険や中古車などの営業をかけられたりしたら残念な気持ちになるはずです。

一方で、トヨタやTBSの元同僚の方々からの相談にはすべて無料で乗っています。

②感謝の気持ちを持つことも非常に重要です。
大学院生時代に大きなバイク事故に遭い、九死に一生を得た経験から、日常生活で出会うすべての方に対して自然と感謝の気持ちを持てるようになりました。

死ぬ直前までいったことで、今生きていること自体に感謝できるようになったのです。

たとえば、お世辞にも接客態度がよいとは言えない無愛想な店員さんに出会ったときも、最後には「ありがとうございました」と笑顔で挨拶するようにしています。

正直なところ、①や②の振る舞いをすることは時間も失いますし、直接的な利益もありません。

しかし、**無意識に人を配慮する心の状態ができあがります。**

そういった配慮が巡り巡って、ビジネスや人生の成功にも結び付くのだと信じています。

5章

捨てきった先に「クリアな思考」が残る

「また聞き」を捨てる

⬇「現地現物」での情報収集を心がける

「エビを赤く塗る子ども」になっていないか

「友人がこう言っていた」
「メディアでこう報道されていた」
「ネット記事でこう読んだ」

私たちが日々接する情報の多くは「また聞き」、つまり**「誰かがこう言っていた」「誰かがこれをした」という伝聞情報です。**

そもそもメディアとは情報源と人々を媒介するもの、だから「媒体」と呼ばれているわけです。

新聞やニュースの時事ネタから週刊誌のゴシップネタまで、私たちがメディアを通じて得る情報のすべては伝聞情報です。

ここで私が伝えたいのは「現地現物」の重要性。

現地現物を怠《おこた》ると、言ってみれば「海にいるエビ」の絵を描くときに、エビを赤く塗る子どものようになる可能性が高いのです。

生きているエビは黒っぽい色をしていますが、火を通すと赤くなります。「海にいるエビ」の絵を赤く塗る子どもは、「調理済みのエビ」しか知らないということです。

正確に描くには、実際に海に行って生きているエビを見るのが一番です。

それが難しいのなら、鮮魚店や水族館で調理前のエビを見るのもいいでしょう。

そして、先ほど述べた現地現物とは、自分の目で見て確認するということです。

みなさんは、日頃、情報に接するときに、はたして、そんな現地現物の意識を持っているでしょうか。

「調理済みのエビ」しか見たことがない状態で、「生きているエビ」を描く、そんなことになってはいないでしょうか。

世の中には自分ではアクセスできない情報もありますが、**「正確性においては、現地現物で得る情報に勝る情報はない」**ということを理解していると、情報の扱い方にも大きな違いが出てきます。

取材をせずにネットで拾った情報だけでまとめた「コタツ記事」を「事実」と受け取るような愚に陥らずに済むようになる。

そんなものをネットで読むよりも、はるかに有効な情報収集ができるようになるはずです。

「出かけないとわからない」ことがある

たとえば、とある著名者やプロアスリートのインタビュー記事を読んだとしましょう。

その内容が「真の情報」とは限りません。

本人がうまく言語化しきれていない場合もあるでしょうし、インタビュアーがまとめる段階で、微妙にニュアンスが変わっている可能性もあります。

いわゆる編集マジックです。

では、どうしたら真の情報にたどり着けるかと言ったら、一番いいのは、その本人に会って、直《じか》に話を聞くことです。

私は、初めてご依頼いただいたクライアントの社長や役員の方にお会いする際、その方々のインタビュー記事に事前に目を通すようにしていますが、記事から受ける印象と実際にお会いしたときの印象は、たいてい違います。

記事では「仕事に厳しそう」、もっと正直に言えば「怖そう」な方でも、実際にお会いしてみると、たしかに仕事には厳しいのでしょうが、コミュニケーションにおいては非常に柔和で配慮がゆき届いている、そういうケースが非常に多いのです。

私はトヨタで現地現物を叩き込まれました。

たとえば、ある工場で不具合が生じたという連絡が入った。

それを上司に伝えようものなら、必ず「おまえ、見てきたんか？」と一喝されます。聞いたままの話を報告するのではなく、まず工場に行って自分の目で確認してこいということです。

現物を確認するために現地に行くと、そこで「付随情報」という、思わぬ収穫を得ることも少なくありません。

現物と、その付随情報を合わせることで、より有効な策を打てるケースを、私は多々経験してきました。

現地では「おみやげ情報」も得られる

一例を挙げると、トヨタの自動車部品を製造しているベトナムの工場で不良品が多発したとき、現地で製造ラインを確認したところ、問題は製造ラインそのものにあるのではなく、しばしば起こる停電によって製造ラインが止まってしまうことだと気づきました。

停電のたびに製造ラインが中断してしまうせいで、作業が安定しない。

それが不良品につながっていたわけです。

これは、現地に行かなくては見えてこなかった付随情報です。

ベトナムに飛ぶ前、部品のサプライヤーに聞き取りをしたときには、「停電」のことなど一言も出ませんでした。

おそらくサプライヤーは、「工場で不良品が多発している」→「製造ラインでの作業ミス」と早々に結論づけ、それ以上の真因究明はしていなかったのでしょう。

現地でしばしば停電が起こっていることも知らなかったということです。

工場で不良品が多く生産されてしまっているという情報に、ベトナムの電力供給問題という、その国特有の付随情報が合わさったことで、事態改善のために根本的に必要なことは作業ミスの予防策ではないと判断しました。

電力供給は一国のインフラの問題ですから、それ自体は、一企業であるトヨタとしてはどうしようもありません。

そこで、ベトナムの電力供給が比較的安定する時期と時間帯を分析し、早めに生産個数を稼いでおくという策を打ち、何とか切り抜けました。

話はこれでおしまいではありません。

新興国の工場については「停電が起きる前提」で生産準備を行なう必要がある。

「つまり、ベトナムのような国は他にもあるんじゃないか？」

ベトナムでの一件以来、私はこの教訓を念頭に、広い視野で仕事に取り組めるようになりました。

現地現物で付随情報を得て解決に当たったことが、その後、ずっと仕事に活きています。

現地は、まさに「真の情報」の宝庫です。

生きているエビを見るために海に行ってみたら、「エビはもともと黒い！」ということがわかった。

しかも、その海にはカニもいて、「なんとカニも、鮮やかな赤色は調理後の姿で、もとは黒っぽい色をしている！」とわかった。

この現地現物を体験した子どもは、今度は、エビだけでなくカニまでも、自分の目で見て確認した真の情報をもとに、いきいきとリアルに描くことができるでしょう。

何事にも共通して言えることですが、有益な付随情報は、現物を求めて現地に足を運んだ人だけが得られる宝なのです。

－POINT－

ビジネスパーソンにとっての〝赤いエビ〟〝赤いカニ〟に要注意

「人の意見」を捨てる

➡なぜそう思うか、5回問う

「なぜ？×5回」で価値が測れる

仕事でもプライベートでも、誰しもが周りの人から意見をもらうことがあります。たとえば、あなたが会社で新規事業を立案するとしましょう。賛成する意見、反対する意見、提案、忠告など、さまざまな意見が飛び交うはず。すべてに耳を傾けていては、プロジェクトは一向に前に進みません。

その意見が本当に耳を傾けるべきものかどうかを見極めるためには、ロジックと根拠の有無が必要です。

ロジックも根拠もない意見は、単なる「個人的な見解」に過ぎません。偏見と言ってもいいでしょう。

「人の意見を捨てる」とは、すべての意見を無視するという意味ではなく、ロジックと根拠に欠ける意見、あるいはその精度が低い意見には耳を傾ける要素がないと判断してもよいということです。

では、ロジックと根拠の有無や精度をどう見極めるか。

おすすめしたいのは、**「なぜ?」と繰り返し問うことです。**

たとえば、あなたの提案に対して、上司が難色を示してきたとします。

上　司：「このプロジェクトはリスクが高い」
あなた：「なぜそう思うのですか?」
上　司：「以前、似たようなプロジェクトが失敗したから」
あなた：「その失敗の原因は何ですか?」
上　司：「え?　えっとそれは……」

たった2回の「なぜ？」で、相手の意見に根拠がないことがわかりました。

一方で、このように「なぜ？」を繰り返していくと、どこかのポイントで「なるほど」と納得できる意見に出合うこともあります。

上　司：「このプロジェクトはリスクが高い」
あなた：「なぜそう思うのですか？」
上　司：「以前、似たようなプロジェクトが失敗したから」
あなた：「その失敗の原因は何ですか？」
上　司：「マーケットの需要が低かったため」
あなた：「現在のマーケット状況はどうですか？」
上　司：「現在の市場も似たような低需要が続いている」
あなた：「具体的なデータはありますか？」
上　司：「最新の市場調査レポートによると……」

こうして合理的に説明できる意見は、自然と「価値ある意見」として、あなたの脳内に残すべきです。

「好き」「したい」には理由がない、それでいい

最後に一つ付け加えたいのは、「これが好き」や「これがしたい」には、ロジックも根拠もなくていいということです。

たとえば、「あなたはなぜピカソが好きなの?」と聞かれても、答えに詰まりますよね。いくら「なぜ?」と問われても「好きだから、好き」としか答えようがないからです。

そのため、クライアントに「こういう新事業をやりたい」と言われたときにも、私はあまり「なぜやりたいのですか?」とは突っ込みません。「やりたいから、やりたい」、それ以上は掘り下げようがないとわかっているからです。

「好きだから、好き」「したいから、したい」というのが、もっとも合理的な説明の

場合もあるということです。もちろん、クライアントに「どんな事業を始めるのがいいか？」と聞かれたら一緒に考えます。

一方、「嫌い」「したくない」は、「好き」「したい」とは違い、もう少し理由を説明できる場合が多いです。

「チーズが嫌い」『なぜ？』「臭いから」「食べるとお腹の調子が悪くなるから」。または「こういう事業はしたくない」『なぜ？』「リスクが高いから」「自分の価値観に反するから」という具合です。

このことを覚えておくと、自分や他人の「好き」「したい」にロジックと根拠を求めるという不毛な時間を過ごさずに済むでしょう。

－POINT－

意見をもらったら、「なぜそう思うのですか？」を口グセに

「自分の見解」を捨てる

➡感想、偏見、憶測ではなく「思考」する

「なんとなく…」は思考停止のもと

人の意見と同様に、「たぶんこうだろう」「なんとなくこう感じる」などといった「自分の見解」もあなたを混乱させる情報になります。

本書のテーマは「情報を捨てる」こと。

なぜ情報を捨てるのかと言うと、不要な情報を排除することで「自分の思考」をクリアにできるから。

つまり、「自分の思考」だけは絶対に捨ててはいけません。

では、「思考する」とはどういうことでしょうか。

簡単に言うと、**感想や憶測、偏見に基づいた自分の見解はすべて捨てて、ロジックと根拠に基づいた結論を出すということ**です。

つまり、前項で人の意見の価値をロジックと根拠で見極めたように、自分の意見にも同じ基準を適用するということです。

思考の第一歩は、仮説を立てることです。

仮説とは、物事の真因（物事の根本的な原因）について「おそらくこうであろう」という説を立てることです。

私は戦略コンサルタントとして、問題解決することを「医師の診断」に例えています。

医師は、患者の症状を聞き、血液検査やレントゲン、エコーなどを駆使して原因を探ります。

そのうえで、最も適切な治療法を決定します。

診断を下す際に、ろくな検査もせずに結論を出すことはありません。

同様に、個人の感想や憶測、偏見だけで仮説を立ててしまうと、物事を大きく見誤る可能性が高いのです。

「なぜ?×5回」を自分にも課す

精度の高い仮説を立てるためには、物事の真因を探ることが必要です。

たとえば、製造業において「不良品の増加」という問題に直面したとします。

その原因として「作業員が不注意だった」という仮説を立てることもできます。

それが真因の場合は、「作業員に注意喚起する」「研修を強化する」などの打ち手が考えられますが、この思考は「×」です。

「作業員の不注意」は本当に真因になるのでしょうか。

いいえ、なりません。

真因を特定するためには、自分で自分に問いかける形で「なぜ?」を5回繰り返して掘り下げる方法が有効です。

「なぜ不良品が増加しているのか?」

「作業員が操作を誤ったから」

「なぜ作業員は操作を誤ったのか?」

「機械が導入から3年経過しており、動作が不安定になってきたから」

「なぜ機械の動作が不安定なのか?」

「機械のメンテナンスが不十分だから」

「なぜ機械のメンテナンスが不十分なのか?」

「メンテナンス予算が削減されたから」

「なぜメンテナンス予算が削減されたのか?」

「……」


このように「なぜ?」を5回繰り返すことで、メンテナンスの予算までも削減してしまったことが、不良品の増加の真因であることがわかります。

作業員も、見当違いな罪でペナルティを受けずに済みます。

真因がわかれば、当然ながら打ち手も変わってきます。
どんな仕事においても、このように物事の真因を掘り下げていく思考が必要です。
逆に言えば、表面的な解決策や感想に基づいた判断は控えましょうということです。
情報過多を助長するだけですから。

－POINT－

「なぜ？×5回」をクリアして初めて思いつきは「意見」になる

「共感」を捨てる

➡「何これ…?」にも接する

「共感」ばかりしているとバカになる

「あの上司の言うことには共感できる」
「友人の意見に共感した」
「その本の内容に共感する」

人の話を聞いて「共感しました」と言うことはよくあります。
便利な言葉ですが、「共感」ばかりしていると、思考力が低下し、人としての成長が止まる恐れがあります。

「共感」とは、相手の話が自分と共鳴したということです。

つまり、自分の中にあるものに合致することを相手が言ったので心動かされたわけです。

見方によっては「私が考えていたことに合致することを、あなたは言った」と、自分を確認するための言葉とも言えます。

なぜ「共感」ばかりしていると思考力が低下し、成長が止まるのでしょうか。

それは、**人が一番成長するのは「何これ？」「よくわからない……」という自分が理解できないモノに出会ったとき**だから。

得体の知れないもの、理解が及ばないことに対して「なぜ？」と考えを巡らせることで、思考力が鍛えられ、成長します。

一方、「共感」とは、自分の中にあるものとの共鳴に過ぎません。

「共感」している間は、人は考えの域を出ないのです。

それゆえに、共感できるものばかりに触れていると思考力は鍛えられず、自身の成長も阻害されてしまいます。

「共感癖を脱する」2ステップ

ここから言えることは二つあります。

まず一つ目。

思考力を鍛えたいなら、**「日頃、自分は〝共感できるもの〟とばかり接していないか？」**、あるいは**「『共感』を情報を収集する判断基準にしていないか？」**と自問自答してみることです。

耳障りのいいことばかり言ってくれる上司に依存していませんか？

自分の意見と似たようなことばかり受け入れていませんか？

それにより「わかったつもり」になっていませんか？

「共感できるもの」と接してばかりいると、脳に汗をかいて考えることをしなくなるのでバカになります。自分の中で「共感インフレ」が起こっていないかチェックすることが重要です。

次に二つ目。

思考力を高めるには、「共感するクセ」を脱却する必要があります。

何かにつけて「共感した」と言いたがる人は、何を聞いても共感しようとするクセがついています。

本当は「得体が知れないもの」「理解が及ばないこと」かもしれないのに、それを適当に自分の共感領域に合致させ、わかったつもりになってしまうのです。

これの何が危険かと言うと、物事を歪曲《わいきょく》して捉える可能性が高くなることです。

共感癖のある人は、何にでも「共感」してしまうため、いつか物事の本質を自力でつかめない人間になってしまいます。

物事を正しく理解するためには、共感などすることなく、そのものを深く把握し理解しようとする姿勢が重要です。

人はみな共感したいし、共感されたい生き物です。

「うん、うん、わかるよ」という態度は、お互いに安心感を生みます。

だからこそ「共感ビジネス」があふれていますが、「共感」には思考力低下という落とし穴があることも覚えておくべきです。

大切な人が悲しんでいたら一緒に悲しむ。

喜んでいたら一緒に喜ぶ。

プライベートなら問題ありません。

しかし、仕事や学びの場で「共感」できるものとばかり接することや、何にでも自分の共感領域に引き寄せることとは、まったく別のことなのです。

－POINT－

理解できないものが理解できたとき、人はアップデートする

「コンサル」を捨てる

⬇まずは自分で考える

「一緒に考えてほしい」は失敗のもと

企業が課題解決に行き詰まると、経営コンサルタントに頼ることがあります。

私の仕事も、外部の知見や発想を必要とする企業があるから成り立っています。

しかし、本当はコンサルを必要としない世の中であってほしいのです。

すべての企業が自ら課題を見つけ、解決策を見出せれば、それに越したことはないと考えています。


企業の問題解決だけではありません。

世の中には、個人の悩みや自己啓発、キャリア相談、ビジネス戦略など、さまざまなコンサルタントが存在します。悩みの種類だけコンサルもいて、それだけ多くの方が、誰かに一緒に悩みを解決してほしいと思っているのです。

コンサルに頼るなとは言いませんが、コンサルに頼るとしても、「自分の頭で考える」ことを放棄しないでください。

「コンサルを雇ったから安心」と考えるのは、「医者にかかったから安心」と同義です。人生の舵《かじ》を他人に渡すことになりますから。

決断し実行するのは自分自身です。

「私たちはこう考えています。あなたならどう考えますか?」と聞いてくるクライアントもいます。まず自分たちで考えてから、プロの意見を聞く。この順序が適切です。

逆に、考えもせずに丸投げする企業は、どんなに優秀なコンサルを雇ったとしても必ず失敗します。なので個人が他者の意見を求める際も、「まず自分で考える」が鉄則です。

「まず自分で考える」練習

課題解決の際の思考法として重要なのは次の二つです。

まず、**「WHYフェーズ」と「HOWフェーズ」を分ける**こと。

ある問題の真因を特定するのが「WHYフェーズ」、解決策を考えるのが「HOWフェーズ」です。

みなさんは問題解決するにあたって、この二つのフェーズを明確に区分できていますか？　話が嚙み合わない会議は、経験上9割方、このフェーズ固定がないまま会議が進行されています。

この話をシンプルにするために、例を挙げて説明しましょう。

隣の人に「鉛筆、貸して？」と言われたとします。

しかし、あなたは鉛筆を持っていません。

ここで、「ごめんなさい、鉛筆はありません」と答える人は、目的の本質を捉えていません。

なぜ「鉛筆を貸して？」なのか。真因は「書くものを持っていないから」です。

そのため、「鉛筆がないのでボールペンでもいいですか？」と聞けば、相手の目的を達成できるかもしれません。

表面的な要求（＝ＨＯＷ）にとらわれず、その背後にある本質的な目的（＝ＷＨＹ）を理解する必要があります。

これができるようになると、思考の質が格段に上がります。

最近の生成ＡＩブームを考えてみましょう。

当社でも「最新の生成ＡＩを導入したい」（＝ＨＯＷ）というクライアントからの依頼が増えています。

多くの場合、その目的は「効率化」です。さらに突き詰めると、「原価低減」や「人件費の削減」が真の目的（＝ＷＨＹ）です。

では、生成ＡＩの導入が必ずしも効率化を達成するかと言うと、そうではありません。

「その次に意見を聞く」が正しい順番

たとえ導入したとしても、そのソフトやシステムを使いこなせる人材が少ない場合は、その分当初よりコストが膨らみます。

特に、技術的なノウハウが必要になる場合は、永遠にそのコストを圧縮できない状態に陥ります。そしてＡＩブームが過ぎ去ったら（さらに簡単に効率化を実現できる技術が現われたら）、かけた予算は水の泡です。

この場合は、ＡＩの本質を経営陣が理解する必要があります。

なので私は、そのような相談がきた場合は、まず導入コストをかけたことによる最悪のシナリオを教えます（よくないと知っていて、システムを導入するコンサル会社もあるようですが……）。

目的の本質を見失わずに、自分の頭で把握してから、最適な手段を選ぶことが必要ということです。

さて、もうおわかりかと思いますが、「コンサルを捨てる」の裏側には、要するに**「自分で考える機会を捨てない」**があります。

何事においても、一瞬で解決できる「魔法の杖」を与えてくれる人はいません。そもそも、そんな杖自体が存在しませんから。

さんざん自分で考えてみて、ようやく「試してみる価値のある解決策」が見えてきます。それすらも、試したらダメかもしれない。ダメならダメで、さらなる打開策を練る。

成果を出せる人間こそ、この地道な思考と作業をくり返します。

当事者として人生の舵を操り、航行していくとは、こういうことなのだと思います。

— POINT —

魔法の杖はない。
「人生の操縦席」まで明け渡さない

「ハーバード」を捨てる

サイエンスさえ疑ってかかる

「エラい人が出した正解」に流されない

「スタンフォード大学の研究によると〜」

こうした権威性のある情報に触れたとき、みなさんはどう考えますか。

「スタンフォード大学の研究だから信用できる、正しい」

このように権威性を根拠として信じきることが多いとしたら、かなり問題と言わねばなりません。

「『Nature』『Science』に出ているものの9割は嘘で、10年経ったら残って1割」。

これはノーベル医学・生理学賞受賞者・本庶佑《ほんじょたすく》氏の言葉です（『Nature』『Science』

は世界的に権威のある科学雑誌)。

学問は常にアップデートされています。

10年前は「正しい」と見なされたが、その後の新たな発見などによって今は「間違い」とされていることなど、山ほどあります。


私も、本庶氏の「9割」という言葉は決して大げさではないと思います。

前提が少しでも変われば、結果も変わることはしばしばあります。

「ある条件下ではその結果になった」ことが学術論文では記載されますが、その前提や結果に影響を及ぼす変数が他にもあると判明したら、査読を通過した論文の結果も変わって当然です。

ましてや、心理学や社会科学など、常に揺らいでいる「人間」を扱う人文科学の世界は、もっとあやふやと見るべきでしょう。

たとえば、「ある有名大学が30代の男女50人を対象に行った社会行動の実験」があり、その結果、特定の行動パターンが観られたとします。

では、まったく同じ実験を、別の30代男女50人を対象に行なったら、はたして結果は同じになるでしょうか。

「30代の男女」という点は同じでも、出身地（出身国）から居住地（都市部暮らしか田舎暮らしか）、はたまた実験が行なわれた季節、天気や湿度などなど、数々の変数が最初のグループと異なれば、いくらでも人間の行動は違いうるのです。

となると、「ある有名大学が30代の男女50人に行なった社会行動の実験」で出た結果は、「ある状況下では、こういう結果になりうる」という可能性の一つを提示しているに過ぎません。

したがって、「スタンフォード大学が行なった実験だから、信用できる、正しい」と信じ込むのはおかしいのです。

「へー」「ほー」と距離感をもって受け止める

誤解を招かないように言っておきますが、ここで私が伝えたいのは、「権威性のある情報にはいっさい触れてはいけない」ということではありません。

捨てるべきなのは権威性のある情報そのものではなく、権威性のある情報を盲信してしまう、受け手側の姿勢です。

たとえば、ビジネス書の著者や人気YouTuberが「ハーバード大学の研究では、こういう結果が出ている」という権威性をもって、「だから私たちはこうすべきなのだ」と主張していたとしましょう。

さて、この発信をどう受け止めるか。

「人気のYouTuber」が「アメリカ屈指の名門大学、ハーバードの研究」を挙げて、行動の指針を示している——。

それを「信用できるもの」「正しいもの」として受け止めるのは、受け手の問題です。

あなたの取るべき態度は、

「へー、ハーバード大学に、そういう研究があるんだな」
「ほー、その研究を根拠として、この人は、こうすべしと考えているんだな」

このニュアンス、伝わるでしょうか。

そのYouTuberは、「ハーバード大学の研究」という、あくまでも「可能性の一つ」を示してくれただけです。

したがって「へー」「ほー」という一定の距離感——頭から盲信することなく疑いの余地を残して受け止めるのが、権威性を帯びた情報に触れたときのふさわしい態度と言えます。

確からしさにも「強弱」がある

疑いの余地とは、言い換えれば、自分の思考や行動を差し挟む余白のこと。

つまり権威性のある情報を「依《よ》って立つ根拠」にはできないけれども、「考える材料」、あるいは「知るきっかけ」とするぶんには有用ということです。

まず「へー」「ほー」と一定の距離感をもって情報を受け止めることで、「本当にそうだろうか?」と考えるとか、それこそ現地現物で「実際にやってみたら、どうなるんだろう?」と自分で検証してみるなどの余地が生まれるでしょう。これはテレビの評論家に対しても通ずるスタンスです。

情報とは「事実の可能性の一つ」です。

どんな情報であっても、「数多《あまた》ある可能性のうちの一つを示してくれた」程度に受け止めることが、この情報洪水の世の中で溺れずに泳いでいく一番のコツです。

この大前提のうえで言えば、**権威性のある情報の「確からしさ」には強弱があります。**

たとえば自然科学の世界では、『Nature』『Science』に載った論文の「確からしさ」は、かなり高いと言えます。なぜなら、これらに掲載されるには厳しい査読を経なくてはいけないからです。

特にこの2誌は共に歴史あるサイエンス誌です。

作り手たちには「間違いのある論文を載せてなるものか」「この歴史に傷をつけて

はいけない」という並々ならぬ矜持《きょうじ》がありますし、世界中の科学者の厳しい監視の目もあります。こうした環境下、かなり高レベルで「確からしさ」が担保されています。

高等教育機関も同様です。

どこかの無名大学の研究か、ハーバード大学やスタンフォード大学、イエール大学の研究か、どちらのほうが「確からしさ」が高いかと言ったら、後者である確率は高いと言わざるを得ないでしょう。

「自分なりの正解」まで昇華させる

とは言え、もう十分に理解していると思いますが、あくまでもこれは比較論です。

「どこかの無名大学の研究よりは、ハーバード大学の研究のほうが信頼性は高そう」とは言えても、「ハーバード大学の研究」だから「正しい」とは言えないわけです。

権威性のある情報に接したときに、私たちがすべきなのは、それを「事実の可能性の一つ」として自分が考える材料とすること。

また、すべての情報について可能なわけではありませんが、自分の目で確かめてみること。

このように自分の頭で昇華させて初めて、情報は「意味のある情報」「価値ある情報」になります。

自分で考えて考えて、あるいは試して、「そのときの自分なりの意見、見立て、正解」にたどり着く胆力をつけなくては、思考力は決して磨かれないのです。

－POINT－

サイエンスの9割は嘘？
疑いの余地を残して受け止める

「肩書き」を捨てる

⬇「実績＝トラックレコード」を確認する

人が「自ら掲げた看板」を信用しない

有名企業や高い地位を誇る肩書きが並んでいると、つい無条件で信じがちです。

「あの会社の部長が言っているなら、間違いない」……本当にそうでしょうか？

肩書きは、「その人が何をしている人なのか」「どういう立場にある人なのか」を知るのに便利なものです。

しかし、肩書きだけでその人を無条件に信用するのも危険です。

肩書きは、しょせん表に出ている「看板」に過ぎず、その人が本当に信用できる人かどうかは「中身」を確認するまでわかりません。

ここで言う「中身を確認する」とは「トラックレコード」、つまり、その人のこれまでの実績を追いかけることです。

いつ、どこで、どんな案件で、どのくらいの業績を、どうやって収めたのか。

納得できるまで、なるべく定量的に突き詰めなければなりません。

たとえば、採用面接の現場でよくある「アレオレ詐欺」。

「アレは、オレがやったんだ」と大きな成功を収めた案件に少し関わっただけで、自分が主体的に考えたり実現させたりしたかのように言う方がいます。

これを見極めるためには、定量的に突き詰めるのが一番。トラックレコードを細かく突き詰めると、必ずどこかでボロが出るものです。定量的に問い詰めるクセを持つようにしてください。

「詳しい人」と「デキる人」を区別する

そして、このクセは、メディアやＳＮＳで見かける「専門家」の信頼性を見極める際にも役立ちます。

まず、そもそも「専門家」とは何でしょうか。**「その道に詳しい人（実績なし）」なのか、「その道で成果を上げた人（実績あり）」なのか――**。この二つに分類することができます。

そして信頼に足る「専門家」と見なしていいのは、厳密には後者だけだと私は考えています。

「実績がある人」の話は、「実績がある」という事実をもって、聞くに値すると考えます。しかし「その道に詳しい人」は、詳しい「だけ」かもしれません。

特に昨今は、ＳＮＳのフォロワー数が多いこと自体が、その人の一番の肩書になりやすいため注意が必要です。

「フォロワー数○○人」などと紹介される人は、いったい何を成し遂げた人なのでしょうか？　ただ自分の魅せ方や話術がうまいだけかもしれません。

スポーツの解説者を想像するとわかりやすいでしょう。

スポーツのテレビ中継には、決まって「実況アナ」と「解説者」がいます。

解説者はたいてい元選手が務めますが、その話に視聴者が違和感を抱かない理由は、その解説者の選手時代の活躍を視聴者が知っているからです。

だから、選手の心身のコンディションや技術面、さらには監督の采配や試合運びについて、そのスポーツに関しては何を語っても説得力があります。

もし、何の実績もない無名の選手が解説をしていたら、中継番組は成り立ちません。

そして、本質的には、スポーツに限らずどの世界も同じです。

「専門家」と銘打たれた人の意見や論評に接したときには、「実績のある人か？」という基準で、情報を取捨選択することをおすすめします。

ただビジネスの世界では、デキる人ほど自画自賛しない傾向にあるというのが、私の経験上の一つのデータです。

－POINT－

平気で「知ったか」をする人もいる。トラックレコードは嘘をつかない

「常識」を捨てる

➡「イノベーティブな発想」を鍛える

「マトモでないもの」を遠ざけすぎない

いつの時代も、イノベーションは常識の枠を外れた人が起こしてきました。

特に変化がめまぐるしく、不確実性が高い時代と言われる現代、「常識外の発想」の価値は、今後ますます高まっていくでしょう。

「常識」とは、言い換えれば、マジョリティの価値観や考え方。

「常識外」の情報も取り入れないと、マジョリティに偏《かたよ》った脳みそになってしまう。

常識に追随していたほうが安心かもしれませんが、抜きん出ることはできません。

ひとかどの人物になりたい、活躍したい、新しい価値を生み出したい、そう願う方全員にとって、**世間一般で重んじられている常識にとらわれることは、望む自分になる未来への道を阻む障害でしかない**のです。

「非常識な発想」を使いこなす3ステップ

そこで私は、日頃、三つのことを心がけています。

一つ目は**「インプットはなるべく多くする」**こと。

そう聞いて、みなさんは戸惑ったかもしれません。本書は「捨てること」を謳《うた》っている本なのに「インプットを多く」とは、矛盾するじゃないか、と。

たしかに本書は「情報を捨てる」と銘打ってはいますが、これは決して「極力インプットを削るべきだ」という話ではありません。**「思考する上での情報を厳選する」**というのが、本書で言う「情報を捨てる」の本意です。

そのため、むしろ私は、「インプットの機会は人よりもなるべく多く」と心がけているくらいなのです。

たとえば、セミナー依頼が来たら、私は、よほどの事情がない限りオンライン開催を避けます。

というのも、「セミナー後に受講者と話す時間」を大切にしているからです。

実際に現地に足を運んでセミナーをすると、セミナー後、解散前の受講者と直に話すことができます。

セミナー自体は終わっているので、そこはいわば非公式なコミュニケーションの場。だからこそ、思ってもみなかった正直な声を聞けることも少なくありません。

セミナーが終わったら、それとなく受講者のほうに近づいていって話しかけます。

まず、「今日のセミナーはわかりやすかったか？」といった当たり障りのない話題から入り、「なぜ、このセミナーに来たのか？」「会社でどういう問題を抱えているのか？」などなど、より深い情報を取りにいきます。

すると、たいていは私にとって仕事や生活に活かせる新たな情報のインプットがあるものです。

オンラインセミナーだと、セミナーが終わったら即座にみな「退席」して終了です。

話し手はただアウトプットしただけで、新たなインプットはありません。

話し手である私からすると、これはノーメリットです。

でも自ら現地に足を運んで、現物の受講者と話をすると、新たな情報のインプットがあり、それをもって古い情報がアップデートされます。

これこそが、私がセミナーを引き受ける最大のメリットです。

①「血の通った一次情報」を集める

また、私はＳＮＳのＤＭ（ダイレクト・メール）経由で転職相談に応えることがあります。

もちろん、転職志望者の悩みを解決する一助になりたいという思いもありますが、正直なところ、新たなインプットを得て自分の中の情報をアップデートするため、という意味合いもあります。

たとえば、最近は「転職したかったのに、上司に先に転職されてしまって、辞めるに辞められなくなってしまった」という悩みがよく寄せられるようになっています。

「部下の転職」ではなく「上司の転職」が悩みの種になっているというのは、私にとっては新情報でした。

まさに今、転職を希望している方たちの生の声に触れたことで、「転職志望者の悩みの一つの傾向」というファクトが、私の中でアップデートされたわけです。

「今は意外と上司世代の転職が盛んのようだ」。

このファクトのアップデートを受けて少し考えを深めてみれば、上司世代である40~50代をターゲットにした転職相談や職業トレーニングといった新事業などが考えられるかもしれません。

というわけで、インプットはなるべく多く。

現地現物で多種多様なものの見方・考え方、「今はどうなっているのか」という新しいファクトに触れて、頭の中を常にアップデートするように心がけているのです。

②すぐに「アウトプット」に結びつけない

そのうえで、**「使うインプット」はかなり厳しく絞っています。**

これが二つ目。

つまり、情報をむやみに排除するのではなく、まずなるべく多くインプットした情報のうち、「その時々の自分の目的整合的に使える情報」だけを活用しているということです。

情報はインプットしておしまいではなく、自分の目的のために活用して初めて意味を持つ、という基本を忘れないでください。裏を返せば、「その時々の目的整合的に使えない情報」は省《はぶ》いている、捨てているのです。

冷蔵庫が空っぽだったら、何の料理もできませんよね。

まず冷蔵庫を新鮮な材料でいっぱいにして初めて、そのときの発想にしたがって材料を選び出し、独創的な料理を作ることができます。

それと同じで、頭の中が空っぽだったら、何も考えることはできません。

豊富に取り揃えた材料を取捨選択して使って一つの創作料理を仕上げるように、豊富なインプットを取捨選択して使って考え、目的を達成する。

もとのインプットが多いほどに、使う情報のバリエーションも幅広くなり、それをもとにアイデアが広がります。

これこそ、**「情報を捨てる」**という言葉の真意です。

情報という考える材料が豊富だからこそ、無駄・無用な情報に惑わされて変な決断を下さないよう、情報を取捨選択する眼力を磨こうという話です。

AIのように生きる。

そう言ってもいいかもしれません。

AIは膨大な情報をインプットし、絶えず機械学習しアップデートしながら、人間が要望する目的に適う情報だけを適宜、取り出して組み合わせています。

我々人間にはAIほどの学習能力はもちろんありませんが、AIのような情報処理を心がけることはできるでしょう。

ただ、ここで一つ付け加えておきたいことがあります。

なるべく多くインプットしたうえで、使う情報はかなり絞ると述べたばかりですが、実は、時には**「使えないと思われる情報A」**と**「使えないと思われる情報B」**を掛け合わせると、**「使える情報C」になる**場合があります。

「飛ばないゴルフクラブ」で「飛ばないゴルフボール」を打つと、びっくりするくらい飛ぶことがある。そんな**交互作用**が情報においても起こりうるのです。

いったん「使えない」と見なした情報を完全に捨て去ってしまうと、こうした交互作用が起こる可能性を最初から排除することになってしまうでしょう。

それはもったいないので、そのときは「使えない」と見なした情報でも完全に捨て去りはせず、「今すぐは役立たない情報」というグレーな評価に留めておく。頭の中にぼんやりと、「考える際の手札の一つ」としてぶら下げておくイメージです。

③「異常な人」に出会う

そして三つ目は、**「異常値的な人間」**に出会うこと。

これは、自分から見て「なんだ、この人!?」という人間と出会うということです。

ここでも現地現物で、「直に対面すること」を心がけています。

異常値的な人間は、まさに常識外の情報です。

常識の範疇《はんちゅう》に収まらない人、自分の規範に収まらない人と話すほどに、自分の内面に多様性が生まれる。


これは、特にTBS勤務時代に得た実感です。

クリエイティブな世界の常なのかどうか、他のテレビ局では働いたことがないのでわかりませんが、とにかくTBSでは、いい意味で異常値的な方に数多く出会えました。

そういう方たちと多く出会い、一緒に仕事ができたことは、間違いなくTBSで働いてよかったことの一つだと思っています。頭では処理できない思考力を学べた。正確には情報として感じ取れたのです。


まとめると、こういうことです。

基本はAIのように生きる。ただし私たちは人間なので、機械的なデータではなく現地現物で、なるべく多く情報をインプットし、取捨選択してアウトプットする。

しかし、これではまだ少し、常識の枠外で考えるには足りません。

だからこそ、常識外の情報の筆頭である「異常値的な人間」にも積極的に出会うようにする。

常識から大きくはみ出ている情報にも、プラスアルファで触れるように心がけると、常識を超越する発想力・思考力を鍛えていくことができるでしょう。

そして、その異常値とあなたの能力が相互作用を起こしたとき、イノベーティブな発想が生まれるのかもしれません。

－POINT－

画期的なアウトプットを産むには〝現地現物でのインプット×異常値との出会い〟が不可欠

おわりに――情報を捨てた先にあるもの

本書を最後まで読んでいただき、ありがとうございます。

ここまで、消耗せずに成果を上げるために「捨てる」べきものを数多く提案してきました。そして「捨てる」だけではなく、「捨てる代わりに新たに取り入れたいもの」についても提案してきました。そして最後にみなさまに伝えたいメッセージは、

捨てた先に「集中すべき1%」がある

ということです。「何かを判断し、行動する際に参照している情報」の中には、ノイズとなり人を消耗させてしまう「情報」もたくさんあるということです。ひょっとしたら私たちが接している情報の99%は、ノイズと言ってもいいかもしれません。

それらを潔く、きれいさっぱり捨て去り、むしろその先の1%に集中する。

このスタンスを自身に定着させることができれば、仕事においても、日常生活においても、無理なく「成果」にたどり着ける、と私は考えています。そして本書が少しでもみなさまのお役に立てたのなら、著者としてこれ以上の歓びはありません。

また、本書を出版するにあたっては、ここに名前を書ききれないくらい、多くの方にお世話になりました。特に執筆を陰ながら支えてくれた家族や会社の仲間に「ありがとう」の言葉を贈ります。そして、三笠書房の中西航大さん及び同社の方々、アイ・ティ・コムの福島結実子さんにも改めて感謝申し上げます。

最後に、本書をきっかけに、一人でも多くの方が「自分を消耗させていた情報」に気づき、それらを捨てていくことができますように。そして、この本を手に取ってくださった読者のみなさま全員が、軽快で楽しく、自分らしく生きていけますよう、心から願っています。

山本大平

消耗《しょうもう》せずに成果《せいか》が出《で》る「情報《じょうほう》の捨《す》て方《かた》」

著　者——山本大平（やまもと・だいへい）

発行者——押鐘太陽

発行所——株式会社三笠書房

〒102-0072 東京都千代田区飯田橋3-3-1
電話：(03)5226-5734（営業部）
：(03)5226-5731（編集部）
https://www.mikasashobo.co.jp

印　刷——誠宏印刷

製　本——若林製本工場

ISBN978-4-8379-4007-4 C0030

T30395